Vaters Eismeer

GUSTAV KELLER

Vaters Eismeer

Kriegsjahre im hohen Norden

Bibliografische Information der Deutschen Nationalbibliothek

Die Deutsche Nationalbibliothek verzeichnet diese Publikation in
der Deutschen Nationalbibliografie; detaillierte bibliografische Daten
sind im Internet über http://dnb.dnb.de abrufbar.

© 2017 Gustav Keller

Herstellung und Verlag: BoD – Books on Demand
ISBN 978-3-7448-8865-3

Inhalt

Einleitung

Frost und Hitze habe ich ertragen,
Hunger und Durst erduldet,
Strapazen und Leiden waren mir reichlich zugemessen,
Hundertfach habe ich dem Tod ins Auge gesehen,
Ich war kein Held.
Keine Geschichte weiß von mir zu berichten.

Denkmalinschrift
im militärgeschichtlichen Museum in Rastatt

Als am 8. Mai 1945 die Waffen schwiegen, wurde es seltsam still. Der bislang größte Krieg der Weltgeschichte war zu Ende. Deutschland besiegt, besetzt, zerstört. Viele Millionen getötet, gefangen, auf der Flucht.

Die Deutschen fielen in ein tiefes Sinnloch. Eine kollektive Depression breitete sich aus wie eine ansteckende Massenerkrankung. Die Hirne wurden von quälenden Fragen okkupiert. Warum sind wir mit Hitler diesen Weg gegangen? Was war der Sinn? Wie überleben wir? Werden auf den Trümmern jemals wieder Blumen wachsen?

Es dauerte einige Jahre, bis in der verdunkelten Kollektivseele wieder Licht zu sehen war. Verzweiflung wich allmählich wachsender Zuversicht. So wie die Seele sich zu erholen begann, kam der Wiederaufbau von Staat, Wirtschaft und Gesellschaft in Gang.

Auch wenn die materiellen Zerstörungen nach und nach beseitigt wurden, war der Krieg im Bewusstsein der Menschen noch präsent. Nicht nur in den Köpfen derjenigen, die ihn bewusst erlebt hatten. Alle, die in der Nachkriegszeit aufwuchsen, lernten recht bald, was das Wort Krieg bedeutete.

Sehr konkret lernte ich als Nachkriegskind diesen Begriff. Täglich sah ich die Bilder gefallener und vermisster Familienmitglieder, die in Uniform und mit Stahlhelm ins Wohnzimmer blickten. Todesorte wie Stalingrad, Leningrad oder El Alamein prägte ich mir ein, bevor ich diese später im Atlas aufsuchte. Auf einem Wandsims befand sich der Panzer einer griechischen Landschildkröte, die Vater aus dem Krieg als Souvenir mitgebracht hatte. Im Keller lagerten immer noch Gasmasken und Verbandskästen. Unter einem nahe gelegenen Lehm-Buckel befand sich nach wie vor der private Luftschutzraum, den mein Großvater am Kriegsbeginn hatte bauen lassen. Eine Regalreihe des Bücherschranks enthielt mehrere Bildbände, in denen der Zweite Weltkrieg dokumentiert war. Obwohl die Eltern dies anfangs nicht wollten, blätterte ich immer wieder neugierig darin. Viele Fotoalben waren voll von Bildern, die aus der Soldatenzeit meines Vaters und meines Onkels stammten. Im Wald fanden wir immer mal wieder Ausrüstungsgegenstände, die Soldaten kurz vor der Kapitulation entsorgt hatten: Karabiner, Maschinengewehre, Pistolen, Munition, Erkennungsmarken, Patronentaschen, Stahlhelme und Tornister. Im nahe gelegenen Fluss entdeckten wir einen Blindgänger, der vom Kampfmittelbeseitigungsdienst entschärft werden musste. Regelmäßig waren auf der Bundesstraße, die das Dorf durchzog, französische Soldaten, Militärfahrzeuge und Panzer zu sehen. Uns wurde erklärt, dass diese seit dem Ende des verlorenen Krieges hier seien. Mancher sprach verächtlich von den Besatzern.

Der Zweite Weltkrieg war auch ständiges Thema in den täglichen Gesprächen. Aus unterschiedlichsten Anlässen. Nörgelten wir Kinder über das Essen oder wurde nicht alles aufgegessen, kamen die Erwachsenen auf die Nahrungsnot im Krieg, in der Gefangenschaft und in den ersten Nachkriegsjahren zu sprechen. Froh wäre man damals über das gewesen, was heute aufgetischt wurde. Ständig drängten sich die Kriegstoten in die Erinnerung. Oft flossen dabei Tränen. Die Großmutter betete für meinen gefallenen Onkel Gustav. Die Tante, deren Sohn in der Weite der Kalmückensteppe von seinen Kameraden zum letzten Mal lebend gesehen und danach als vermisst gemeldet worden war, brachte in jede Begegnung ihr Leid ein. Seit der Vermisstenmeldung kreisten ihre Gedanken ständig um ihn.

Oft genügte ein Stichwort. Und schon wurden Assoziationen zum Krieg geweckt. Die Männer erzählten die Geschehnisse aus der Frontperspektive, die Frauen aus der Heimatperspektive. Über das Erzählen wurde jedes Mal die Vergangenheit vergegenwärtigt.

Fanden Familienfeste statt, war der Krieg immer mit am Tisch. Kriegserlebnisse beherrschten die Unterhaltung. Zentrale Themen waren Kämpfe, Märsche, Waffen, Tod, Verwundung, Gefangennahme, Gefangenschaft, Bombardierung, Einmarsch, Plünderungen, Not, Leid. Unsere Kenntnisse vom Krieg wuchsen schneller als unser Schulwissen.

Der Krieg war auch deshalb nicht zu verdrängen, weil es viele Kriegsversehrte gab. Amputierte, Gelähmte, Blinde. Überall sah man sie. In der Familie, in der Verwandtschaft, in der Nachbarschaft, in den öffentlichen Verkehrsmitteln, auf

Gehwegen und Plätzen. Heute empfinde ich noch die Mitleidsgefühle, als ich auf einem Weihnachtsmarkt einen Kriegsblinden erblickte, der auf der Drehorgel Weihnachtslieder spielte.

Neue Kriege rufen vergangene Kriege ins Gedächtnis. So geschah dies laufend während der fünfziger Jahre. Denn der Kriegsgott Mars machte keine Pause. Auf der koreanischen Halbinsel entzündete sich ein blutiger Krieg und verwüstete das Land. In Südostasien eskalierte der Indochinakrieg, an dem viele ehemalige deutsche Soldaten als französische Legionäre teilnahmen. Am Suezkanal mündete der Streit um dessen Kontrolle in eine bewaffnete Auseinandersetzung. In Ungarn wütete im Herbst 1956 zwölf Tage lang ein Volksaufstand, der von sowjetischen Truppen niedergeschlagen wurde. In Algerien bekriegten sich die Kolonialmacht Frankreich und die Unabhängigkeitsbewegung unerbittlich. Zusätzlich zu diesen Einzelkriegen gab es zwischen den Westmächten und dem Ostblock den kalten Krieg. Die Waffen blieben zwar kalt, aber es war ein Konflikt am Rande eines Atomkrieges.

Täglich wurde in den Nachrichten über die regionalen heißen Kriege und über den großen kalten Krieg berichtet. Im Radio, im Fernsehen, in den Zeitungen und in den Wochenschauen der Lichtspielhäuser. Dadurch wuchs die Angst der Deutschen vor der Wiederkehr des Krieges. Die Bundesregierung riet zum Anlegen von Krisenvorräten. Die Kommunen prüften in regelmäßigen Abständen ihre Alarmsirenen. Bundeswehr und Nationale Volksarmee rüsteten für den Ernstfall.

Aufgrund der Präsenz des Krieges waren wir Buben der fünfziger Jahre kriegsinteressiert und kriegskundig. Zum einen erlebten wir ihn als beängstigend, weil er uns immer noch bedrohte. Zum anderen empfanden wir ihn als spannend, weil wir dadurch Spannungen loswurden. Verbunden mit einer nicht zu verheimlichenden Kriegslust. Kriegsspielzeug stand oben auf der Wunschliste, wenn Weihnachten oder Geburtstage bevorstanden. Gewehre, Panzer, Geschütze, Jeeps, Kriegsschiffe. In verschiedenen Szenarien spielten wir Krieg. Am häufigsten Deutsche gegen Russen, Deutsche gegen Amerikaner, Deutsche gegen Engländer, Deutsche gegen Franzosen.

Je kriegskundiger ich wurde, desto mehr wollte ich darüber erfahren, wo mein Vater im Krieg war und was er dort tat und erlebte. Ich stellte mir vor, ich wäre ein Gebirgsjäger, wie mein Vater einer gewesen war. Um diese Identifikation auszufüllen, brauchte ich Wissen. Wissen aus erster Hand meines Vaters. Deshalb stellte ich ihm fortlaufend Fragen, die er meist bereitwillig beantwortete. Äußerst selten reagierte er abwehrend. Einmal geschah es, als ich von ihm wissen wollte, wie viele Feinde er getötet hatte. Er bat mich mit strenger Mimik darum, ihn dies nie wieder zu fragen. Abgesehen von dieser Abwehrreaktion war er weiterhin bis zu seinem Tod gesprächsbereit, wenn ich kriegsgeschichtlichen Wissensbedarf hatte.

70 Jahre nach dem Ende des Zweiten Weltkriegs entschloss ich mich, Vaters Kriegsjahre nachzuzeichnen. Ergebnis dieser Rekonstruktion ist das vorliegende Buch. Erstens basiert es auf seinen spontanen Erzählungen, zweitens auf meinen Befragungen, drittens auf den Kriegstagebüchern der 6. Gebirgsdivision (*Bundesarchiv*-Militärarchiv *in Freiburg im Breisgau*) sowie auf kriegsgeschichtlicher und biografischer Literatur.

An dieser Stelle danke ich meiner Frau Birgit Keller für das gründliche Redigieren des Manuskripts.

Feldzug in Frankreich

Der Franzose scheint wirklich von allen Geistern verlassen,
sonst konnte und musste er das verhindern.

Fedor von Bock

Vater betonte stets, den Krieg nicht herbeigesehnt zu haben. Er genoss sein Vorkriegsleben. Geldsorgen hatte er keine, denn er gehörte einer wohlhabenden Familie an. Die Mitarbeit im Betrieb seines Vaters war für ihn Mittel zum Zweck einer aktiven Freizeit. Er war Mitglied des Nationalsozialistischen Kraftfahrzeugkorps und Oberscharführer. Dort fuhr er erfolgreich Motorradrennen und unternahm mit seinen Freunden an den Wochenenden ausgedehnte Touren durch Süddeutschland. In der kalten Jahreszeit trieb er begeistert Wintersport. Von den nordischen und alpinen Wettbewerben brachte er viele Siegerurkunden und Pokale mit. Der gut aussehenden Spitzensportler wurde von vielen Frauen umschwärmt, zwischen denen er sich nicht entscheiden konnte.

Im August 1939 wurde Vater eingezogen. Ihm war klar, dass der Frieden nicht mehr lange dauern würde. Zunächst diente er als Holzspezialist in einem Baubataillon, das in Mittelbaden mit dem Festungsbau am Westwall beschäftigt war. Obwohl es sich noch nicht um einen Kriegseinsatz handelte, musste er eine Erkennungsmarke am Hals tragen.

Sie hatte die Nummer -192-Bau Komp. 2/61. Diese Metallmarke wurde im Soldatenjargon Hundemarke genannt. Sie diente der Identifizierung gefallener Soldaten.

Als am 1.9.1939 mit dem Einmarsch in Polen der Zweite Weltkrieg begann, wurde Vater keineswegs euphorisch. Noch war er nicht im Feld, als um 5.45 Uhr zurückgeschossen wurde. Bald nach Kriegsbeginn musste er als Angehöriger des Jahrgangs 1911 eine militärische Ausbildung absolvieren. Bevor er einrückte, unternahm er nochmals eine Motorradtour. Seine letzte Friedensfahrt. Dann reiste er mit einem Rekrutenzug der Wehrmacht zum Truppenübungsplatz Heuberg auf der Schwäbischen Alb oberhalb von Stetten am Kalten Markt. Dieser wegen seiner sibirischen Wetterverhältnisse unbeliebte Ort hieß in der Soldatensprache *Stetten am kalten Arsch*. Für den Wintersportler kein Problem.

Truppenübungsplatz Heuberg am Kalten Markt

Vater (2. v. r.) vor der Kaserne auf dem Heuberg

Der Wehrdienst machte aus Vater einen Soldaten. Er lernte das korrekte Melden. Er wurde an den verschiedenen Waffen ausgebildet: Karabiner, Pistole, Handgranate, Panzerfaust. Seine Kondition, die bereits sehr gut war, wurde durch Gelände- und Orientierungsmärsche optimiert. Es wurde ihm der Gebrauch von Karte und Kompass beigebracht. Und das Biwakieren bei derben Minusgraden war eine besonders harte Lektion.

Die Rekruten übten fleißig für den Krieg. Ihre Kampffähigkeit verbesserte sich von Tag zu Tag. Dass sie nicht zum Selbstzweck trainierten, war allen klar. Man rechnete damit, bald in den wirklichen Krieg ziehen zu müssen. Die Frage war nur, wann und wohin. Viele tippten auf Frankreich. Etwas überrascht war man, als am 9. April deutsche Truppen ohne Kriegserklärung in Dänemark und Norwegen landeten. Einen Monat später begann dann der West-feldzug.

Vaters geheimer Wunsch, wieder ins Friedensleben zu-rückkehren zu können, war endgültig zerstört. Anfang Juni 1940 wurde er der 6. Gebirgsdivision zugeteilt, die auf dem Heuberg im Eilverfahren zusammengestellt wurde. Sein Truppenteil war die Aufklärungs-Abteilung 112, zu deren wichtigster Aufgabe die Gefechtsfeldaufklärung gehörte.

Symbol der 6. Gebirgsdivision war das Gelbe Edelweiß. Kommandiert wurde der militärische Großverband von Oberst Ferdinand Schörner, Träger des Pour le Mérite und zuvor Chef des Gebirgsjägerregiments 98 in Mittenwald. Dieser galt als Offizier mit sehr strenger Dienstauffassung. Einer seiner Führungsgrundsätze hieß: Die Angst vor dem Chef muss größer sein als die Angst vor dem Feind.

Vater in Uniform

Am 10.Juni 1940 setzten sich die Gebirgsjäger nachts rhein-wärts in Bewegung. In den Alb- und Schwarzwalddörfern schliefen die meisten Menschen noch. Während Paris be-reits besetzt war, musste Ostfrankreich endgültig in die Knie gezwungen werden. Zunächst verblieb das Gelbe Edelweiß im Bereitstellungsraum westlich von Freiburg im Breisgau. In der Nacht vom 19. auf den 20. Juni überschritt man bei Sasbach den Rhein. Zentrales Kampfziel war es, die Maginot-Linie zu knacken und den letzten französi-schen Widerstand in den Hochvogesen zu brechen. Für Vater eine vertraute Gegend, die er in der Vorkriegszeit öfters mit dem Motorrad bereist hatte.

Die Kampfhandlungen waren nur von kurzer Dauer. Obwohl die Division überlegen war, fielen die ersten Ka-meraden. Die französischen Truppen wurden vor sich hergetrieben. Sie befanden sich in chaotischer Auflösung. Ihre Soldaten waren kampfesmüde und demoralisiert. Die Division stieß von den Vogesen bis zu den Jurahöhen der Franche-Comté an der Schweizer Grenze vor.

Genf war nur noch drei Tagesmärsche entfernt. Während einer Patrouille entdeckte Vater eine Grenzlücke, durch die er hätte desertieren können. Der Impuls war stark, aber noch stärker war die Angst, ertappt und wegen Fahnen-flucht hingerichtet zu werden. Zwei Tage später nahm er an einer Versammlung der Division in Pontarlier teil. Der Kommandeur lobte die militärische Leistung der Gebirgs-jäger und redete ihnen Stärke ein: *Ihr fühlt euch jedem Fremden und jeder Überraschung gegenüber mit Recht ge-waltig überlegen!*

Nach der Kapitulation Frankreichs am 22. Juni 1940 und dem Ende des Westfeldzugs erhielt Vaters Division einen neuen Auftrag: Teilnahme am Unternehmen Seelöwe, Tarnname für die Invasion Großbritanniens. Deshalb wurden die Gebirgsjäger in die Normandie verlegt, und zwar in den Raum südöstlich von Caen. Auf dem Weg dorthin sangen sie immer wieder: Denn wir fahren, denn wir fahren gegen Engeland! Ihre Haupttätigkeit in der Normandie bestand darin, das Erklimmen der südenglischen Steilküste zu üben. Ansonsten frönten die Soldaten der Lust und Liebe. Der inzwischen zum General beförderte Divisionskommandeur setzte dem libidinösen Treiben mit einer barschen Ordre ein Ende: *Ich verbiete den Offizieren, Unteroffizieren und Mannschaften den Verkehr mit diesen Kanalsäuen!*

Im Spätherbst 1940 wurde das Unternehmen Seelöwe abgesagt. Eine Invasion wäre nur unter der Voraussetzung einer Luftherrschaft möglich gewesen. Und diese konnten die Deutschen nicht erringen. Vater war sehr froh darüber, denn er hielt den Plan für militärisch nicht realisierbar. Die meisten Kameraden waren ebenfalls erleichtert. Die Gebirgsjäger nahmen Abschied von Frankreich und vom süßen Leben. Es ging auf den Schienen zurück ins Reich. Die Division begab sich ins Quartier rund um den steirischen Semmering, wo der Bergwinter Einzug gehalten hatte.

Es war kein Winterurlaub, den Vater dort verbrachte. Es war eine harte Ausbildungszeit, in der täglich geübt wurde. Skispähtrupps, Geschützaufzüge, Klettern am Seil, Schneebiwaks standen auf der Tagesordnung. Die Gebirgsjäger wurden für weitere Einsätze fit gemacht. Auf oberster Führungsebene war man überzeugt, dass es derer nur noch eine kurze Zeitlang bedürfe. Sehr optimistisch wurde am 13. November 1940 in einem Lagebericht des Wehrmachtführungsstabes konstatiert:

Der Krieg ist gewonnen, er kann nicht mehr verloren, er muß nur noch beendet werden. Dazu ist es nötig, auch England zu der Einsicht zu zwingen, daß es den Krieg verloren hat.

Zu Beginn des Jahres 1941, so heißt es weiter, werde Deutschland auf fast allen Gebieten stärker als zu Beginn des Krieges oder zu Beginn der Operationen im Westen sein. Mit einer Zahl von rund 230 Divisionen,, darunter 185 Divisionen erster Linie und davon wieder 20 Panzerdivisionen, 4 Panzerverbänden mit Beutegerät, 12 motorisierte Divisionen und einem Munitionsvorrat, der den Anforderungen eines 2-3 jährigen dauernden Großkampfes gewachsen sei, gebe es für das deutsche Heer in Europa kein Problem. Die Kriegsmarine werde bis zu Beginn des neuen Jahres ihre Beschädigungen beseitigt und ihre Verluste größtenteils ersetzt haben, eine dauernd wachsende Zahl von U-Booten an den Feind bringen und die monatliche Fertigstellung von U-Booten bis zum Ende des Jahres auf 25 U-Boote steigern. Auch die Luftwaffe werde im Frühjahr 1941 zahlenmäßig und qualitativ stärker sein als zu Beginn des Kampfes gegen England.

Obwohl Vater mit den Anforderungen des Wintertrainings kaum Probleme hatte, hoffte er wie viele seiner Kameraden auf ein baldiges Ende des Krieges. Viele schätzten die restliche Zeitstrecke auf maximal ein Jahr.

Vater gehörte zu einer kleinen Minderheit, die diesen Optimismus nicht teilte. Zu gut kannte er die Geschichte des Ersten Weltkrieges. Damals war man zu Beginn sehr zuversichtlich, das Weihnachtsfest 1914 im Frieden verbringen zu können.

Feldzug in Griechenland

O du schönes Griechenland mit deinen untergegangenen Göttern! Deine Altäre und Tempel sind zertrümmert, dein heiteres Leben ist versunken, ... geblieben ist, was deine Geschichte geschändet, die finstere Gewalt, die sich zur Richterin aufwirft über freie Geister. ...

Louise Franziska Aston

Vater wollte im Januar 1941 einen Heimaturlaub im Schwarzwald verbringen. Wegen einer allgemeinen Urlaubssperre wurde nichts daraus. Es roch nach einem neuen Kampfeinsatz. Als Kriegsziel vermutete man Griechenland. Die Griechen hatten mit Großbritannien ein Militärbündnis geschlossen, nachdem sie im Oktober 1940 von Italien angegriffen worden waren. Aus deutscher Sicht bedrohten die Briten den Balkan und die rumänischen Erdölgebiete, die für die deutsche Kriegswirtschaft von enormer Bedeutung waren. Die Hypothese vom nächsten Kriegsziel erhielt neue Nahrung, als der erste Generalstabsoffizier der Division zu einer Erkundungsfahrt nach Rumänien und Bulgarien aufbrach.

Bald war es offiziell. In 79 Zügen wurde die 6. Gebirgsdivision über Ungarn nach Rumänien transportiert. Erste Zielregion war die Walachei. Eine Landschaft zwischen den Südkarpaten und der Donau. Dort wurden die Gebirgsjäger in Dörfern und Landstädtchen einquartiert, bestaunt von pelzbemützten Einheimischen. Vor den Quartieren boten Rumäninnen ungeniert ihre Liebesdienste an. Obwohl das Begehren nicht gering war, scheuten Vater und viele seiner Kameraden das Risiko einer Geschlechtskrankheit. Darüber wurden sie von den Sanitätsoffizieren aufgeklärt. Da der Divisionsstab eine Minderung der Kampfkraft befürchtete, wurde das Gerücht in Umlauf gebracht, ein Unteroffizier sei wegen einer Tripperinfektion hingerichtet worden.

Auf dem Weg nach Griechenland war die Walachei nur eine Zwischenetappe. Jenseits der Donau lag Bulgarien, das am 1. März 1941 dem Dreimächtepakt beitrat. Dieser neue Verbündete gestattete Deutschland den Transit in das Dreiländereck Bulgarien, Jugoslawien, Griechenland. Zuallererst musste die Donau überquert werden. Hierfür errichteten die Pioniere eine 800 Meter lange Pontonbrücke. In zwölf strapaziösen Tagesmärschen erreichten die Gebirgsjäger Petritsch in der Nähe des bulgarisch-griechischen Grenzgebirges. Dort oben verlief die Metaxas-Linie, ein Verteidigungswall, der als uneinnehmbar galt. Diese zusammen mit den anderen Verbänden der 12. Armee zu überwinden war der unmittelbare Auftrag.

Vaters Nerven waren vor dem Beginn des Angriffs extrem angespannt. Er stand noch unter dem Eindruck der Hinrichtung eines Kameraden, der er beiwohnen musste. Dieser hatte sich mit dem Gewehr in den Fuß geschossen, um dem schwierigen Einsatz zu entkommen.

Am Morgen des 6. April 1941 war es soweit. Vor dem Kampfbeginn um 5.20 Uhr herrschte eine gespenstische Stille. Ab und an wurde sie durch das Bellen der griechischen Grenzhunde unterbrochen. Dann griff die Division auf einer Breite von 20 Kilometern an. Sie stieß auf hartnäckigen griechischen Widerstand, der in blutigen Graben- und Bunkerkämpfen niedergerungen wurde. Mit Maschinengewehren, Pistolen, Handgranaten und Flakgeschützen. Vater saß der Tod im Nacken. Ihn berührte der Tod der gefallenen Kameraden, die auf griechischer Erde zur letzten Ruhe gebettet wurden. Am 9. April war die Metaxaslinie durchbrochen.

Von diesem Zeitpunkt an trieben die Deutschen den Feind vor sich her. Immer mehr griechische Kampfverbände kapitulierten. Die britischen Bündnispartner flohen angesichts der deutschen Übermacht. Divisionskommandeur Schörner forcierte das Marschtempo. Vater, der einer Vorausabteilung angehörte, fand die Hast des Generals übertrieben, doch dieser wollte als erster in Athen einziehen.

Das Tempo war an manchen Tagen so schnell, dass die Feldküchen nicht mehr nachkamen. Dann mussten sich die vorauseilenden Truppen ihre Verpflegung requirieren. So zum Beispiel in der Stadt Giannitsa, wo alle Bäcker gezwungen wurden, Brot zu backen. Der Krieg ernährte den Krieg.

Am 14. April 1941 lag der Gebirgsstock des Olymps vor Vaters staunenden Augen. Historische Assoziationen stiegen aus seinem Gedächtnis empor. Von Katerini aus stiegen am Morgen des 15. April 1941 sieben Gebirgsjäger auf den Götterberg und hissten die Reichskriegsflagge. Hier oben lag Schnee, dort unten die tiefblaue Ägäis.

Der rastlose Schörner gönnte der Division keine Verschnaufpause. Sein nächstes Ziel war die Stadt Larissa in

Thessalien. Am 19. April 1941 marschierten die Gebirgsjäger in diese von Stukas zerstörte Stadt ein. Ihnen fielen 50 von den Briten zurückgelassene Eisenbahnwaggons in die Hände. Viele davon waren voller Proviant. Vater aß zum ersten Mal in seinem Leben Corned Beef. Weil am folgenden Tag der Führer Geburtstag feierte, durfte man rasten. Viele verbrachten die Kampfpause schlafend.

Auf dem Vormarsch nach Athen

Am 21. April 1941 wurde mit Griechenland ein Waffenstillstand vereinbart. Dieser hatte zur Folge, dass die Briten ihren Rückzug mit eigenen Kräften decken mussten. Hierzu errichteten sie am Engpass der Thermopylen, zwischen dem Kallidromosgebirge und dem Golf von Malia, eine Verteidigungsstellung. An diesem Ort, wo 480 v. Chr. der Spartanerkönig Leonidas mit 300 Soldaten ein riesiges Perserheer aufgehalten hatte. Der britische Sperrriegel konnte am 24. und 25. April 1941 durch einen umfassenden Angriff geknackt werden. Am erfolgreichen Ausgang dieser zweiten Thermopylen-Schlacht hatte die 6. Gebirgs-division einen entscheidenden Anteil. Dem Marsch nach Athen stand jetzt nichts mehr im Weg.

Vater in der Nähe des ägäischen Meeres

Als man am Abend des 26. April 1941 die Außenbezirke der griechischen Hauptstadt erreichte, hatten sich die Briten längst nach Kreta und Ägypten abgesetzt. Am nächsten Tag ließ Schörner auf der Akropolis die Reichskriegsflagge hissen. Sein Divisionsgefechtsstand wurde im Luxushotel King George eingerichtet. Am 3. Mai 1941 marschierte die 6. Gebirgsdivision an der Spitze der Siegesparade in Anwesenheit des Oberbefehlshabers des Heeres, des Reichsführers SS und vieler Militärattachés.

Die Gebirgsjäger hatten momentan keinen Feind mehr zu befürchten. Sie warteten ihre Kriegsgeräte, badeten im saronischen Golf und trieben Sport.

Gebirgsjäger auf der Akropolis

Manche Kameraden wagten sich in die Hafenbordelle von Piräus. Vater war danach nicht zumute. Während des Feldzugs hatte ihm eine Stechmücke den Malariaerreger injiziert. Er bekam heftige Fieberanfälle und wurde ins Lazarett eingeliefert, wo er einer Intensivbehandlung unterzogen wurde. Dieses Unglück war Vaters Glück. Er war ursprünglich für das Unternehmen Merkur eingeplant, an dem einige Einheiten der 6. Gebirgsdivision teilnahmen. Dieser Militäreinsatz auf Kreta im Mai 1941 war äußerst verlustreich. Die Deutsche Wehrmacht hatte 4000 Gefallene, 300 Vermisste und 3100 Verwundete zu beklagen.

An der Eismeerfront

Erstmals in der Kriegsgeschichte geht eine Division kämpfend in den arktischen Winter. Der Kampfraum entspricht in seinem klimatischen und geländemäßigen Charakter den Verhältnissen zwischen zwei- und dreitausend Metern Höhe.

Führungsstab der 6. Gebirgsdivision

Am 21. Juni 1941 startete das Unternehmen Barbarossa: der Krieg gegen die Sowjetunion. Die Großoffensive der Deutschen Wehrmacht verlief anfangs erfolgreich. Zeitweilig schien es, als könnte der Krieg rasch gewonnen werden. Vater teilte diesen Optimismus nicht, hielt seinen Wehrkraft zersetzenden Pessimismus aber hinter dem Berg. Ihm kam Napoleons Russlandfeldzug in den Sinn, den dieser verlor, weil er sowohl die Weite Russland als auch den »General Winter« unterschätzt hatte.

Dass der Russlandfeldzug kein Blitzkrieg war, zeigte sich zuerst an der Nordfront, die von Karelien bis zum Eismeer reichte. General Dietl, der Held von Narvik, sollte den eisfreien Hafen Murmansk erobern und die Murmanbahn unterbrechen. Eine lebenswichtige Bahnverbindung, über die das von den Amerikanern nach Murmansk verschiffte Kriegsmaterial ins Innere Russlands transportiert wurde. General Dietl meinte großmäulig: *In drei Tagen sind wir in Murmansk!* Diese Prophezeiung erfüllte sich nicht. Die

Russen setzten sich hartnäckig und erfolgreich zur Wehr. Aus diesem Angriffskrieg, auch als Unternehmen Silberfuchs bezeichnet, wurde ein verlustreicher Stellungskrieg am Fluss Liza.

Das Oberkommando der Wehrmacht beschloss, die bisher an vorderster Eismeerfront kämpfenden Verbände Dietls durch Schörners 6. Gebirgsdivision abzulösen. Der Wechsel von der Hitze Griechenlands in die nordische Polarkälte stand nun an. Zuvor durfte der aus dem Lazarett entlassene Vater einen kurzen Heimaturlaub im Schwarzwald verbringen. Ihm wurde ganz bang zumute, als er sich von seiner Familie verabschiedete und nach Leoben zu seiner Einheit zurückreiste, die dort von Griechenland kommend ein Vorbereitungsquartier bezogen hatte. Die Gebirgsjäger wurden für den Polarkrieg ausgerüstet. Sie übten den Nahkampf in der Tundra mit Gewehr und Handgranate. Und es wurde ihnen eingebläut, die russischen Soldaten nicht zu unterschätzen.

Anfang September trat Vater seine Reise an die Eismeerfront an. Zunächst ging es mit der Bahn von der Steiermark über Wien nach Stettin. Danach per Schiff über die Ostsee in die westfinnische Hafenstadt Vaasa am Bottnischen Meerbusen. Es folgte eine Bahnfahrt durch unendlich weite Fichtenwälder und vorbei an unzähligen Seen. Endstation war das am Polarkreis gelegene Rovaniemi in Lappland, wo 1940 die Olympischen Winterspiele hätten stattfinden sollen. Vater erwarb dort ein Finnenmesser, auf dessen Lederscheide die olympischen Ringe eingeprägt waren.

Nach einem einwöchigen Zwischenaufenthalt begann ein 500 km langer Marsch zum Kampfgebiet an der Eismeerfront, der den Gebirgsjägern alles abverlangte. Immer nordwärts bei immer kälteren Temperaturen. Öfters Schneegestöber. Übernachtungen im Biwak.

Vor dem Krieg hatte Vater als Wintersportler den Schnee herbeigesehnt. Jetzt begann er ihn zu verfluchen. Während in der Heimat noch milde Herbsttemperaturen herrschten, war hier bereits bitterkalter Winter. Die finnischen Waffenbrüder rieten von einem Winterkrieg im arktischen Norden ab. Schörner ließ sich davon nicht beeindrucken. Er ließ den Winter verleugnen. Der erste Satz seines ersten Tagesbefehls in der Arktis lautete: *Arktis ist nicht.* Egal wie kalt, die Gebirgsjäger hatten zu kämpfen. Kein Wunder, dass ihn viele den Schrecken der Tundra nannten.

Nachdem die 6. Gebirgsdivision die rückwärtigen Lager in Nordnorwegen erreicht hatte, mussten sie die Kameraden der 2. und 3. Gebirgsdivision an der Hauptkampflinie ablösen. Der Weg dorthin führte über die Russenstraße, eine 50 Kilometer Nachschub-Route.

Die allerwichtigste Aufgabe war zunächst der Bau von winterfesten Stellungen und Unterkünften. Aufgrund der häufigen Schneestürme und arktischen Temperaturen war dies eine unmenschliche Plackerei. Beim Innenausbau der Stützpunkte war auch viel Improvisationstalent vonnöten. Öfen aus leeren Handgranatenkästen. Kamine aus Konservenbüchsen. Fenster aus Flaschenböden. Lampen aus leeren Patronenhülsen.

Den Russen blieben die Ablösungen nicht verborgen. Sie registrierten genau, was sich auf der anderen Seite der Hauptkampflinie veränderte. Sie wussten jetzt, dass ihnen mit Schörner und seiner 6. Gebirgsdivision ein neuer, kampfstärkerer Feind gegenüberstand. Um diesen zu testen und zu schwächen, eröffneten sie Anfang November 1941 eine Winteroffensive mit schweren Angriffen.

Eingang zur Bunkerstellung

Ständiger Artilleriebeschuss, Fliegerangriffe und Stoßtruppattacken setzten Vaters Kampfstützpunkt enorm unter Druck. Jeder Morgen war für ihn eine Wiedergeburt, jeder Tag ein neues Leben, das jedoch jederzeit mit dem Tod enden konnte. Um den Kriegsstress abzubauen, fing Vater, der Sportsmann, das Rauchen an.

Mit äußerstem Einsatz stemmten sich die Kampfstützpunkte gegen den Ansturm der Russen. Deren Ziel war die Eroberung der Höhen 314,9 und 258,3 der deutschen Verteidigungslinie. Nach jeder Angriffswelle lagen tote

Russen vor den Stacheldrahtverhauen. Am 6.November 1941 waren es 100, drei Tage später 50.

An der Hauptkampflinie der Eismeerfront

Es gelang dem Feind nicht, die deutschen Kampfstützpunkte zu erobern. Besonders erfolgreich im Abwehrkampf waren die Scharfschützen. Einer der ihren war Vaters Kamerad, der Oberjäger Bobinger. Irgendwann erwischte es auch ihn. Im Sterben, brachte er noch folgende Worte zustande: *Sagt's an schönen Grueß dahoam.*

War die Lage besonders prekär, wurden Flammenwerfer eingesetzt. Ein besonders grausames Kampfmittel, dessen Wirkungen viele lieber nicht sehen wollten.

Schwere Winterstürme trugen schließlich zum Abflauen der russischen Angriffe bei. Das Thermometer sank auf minus 42 Grad Celsius. Das war selbst den sibirienstämmigen Sowjetsoldaten zu viel des Kalten.

Die Gebirgsjäger verbrachten die immer länger werdenden Kampfpausen in ihren Mannschaftsbunkern. Sie litten an der Monotonie des Bunkerlebens und am Verschwinden der Sonne. Außerdem machten ihnen die Läuse zu schaffen, die trotz der Polarkälte ihr Unwesen trieben und die Soldaten piesackten. Insektenpulver half nur bedingt. Jeder Gebirgsjäger wurde notgedrungen zum Kammerjäger. An manchen Tagen vernichtete Vater bis zu 40 Läuse.

Schörner besuchte regelmäßig die Kampfstützpunkte, um nach dem Rechten zusehen. Dienstvergehen ließ er mit scharfen Sanktionen ahnden. Als es eines Tages zu einer hartnäckigen Befehlsverweigerung kam, war Tod durch Erschießen die grausame Folge. Als einer von Vaters Kameraden zur Exekution schreiten musste, rief dieser: *Grüßen Sie den Schörner, ihn wird auch noch der Teufel holen.*

Sobald es das Wetter erlaubte, wurden regelmäßig Spähtrupps hinter die feindlichen Linien geschickt. Dies war möglich, weil die Front viele nicht kontrollierbare Passagen aufwies. Aufgabe der Spähtrupps war es, über die Stärke und Absichten des Feindes Erkenntnisse zu gewinnen. Außerdem galt der taktische Grundsatz: Wer späht, beugt Überfällen vor.

Die Mitglieder eines Spähtrupps trugen weiße Tarnmäntel mit Kapuze. Sie bewegten sich auf Skiern fort. Schörner verlangte, dass jeder Soldat das Skilaufen perfekt beherrscht. Vater fungierte in seiner Kampfeinheit als Langlauftrainer.

Ein paar Tage vor dem Heiligen Abend fielen den Beobachtern und Spähern im Feindgebiet Aktivitäten auf, die einen neuen russischen Angriff erwarten ließen. Wahrscheinlich wollte der Feind den Gebirgsjägern das Weihnachtsfest vergällen. Diese Vermutung wurde bald Wirklichkeit. Von Artillerie und Kampfflugzeugen unterstützt griffen Stoßtrupps die deutschen Kampfstützpunkte an. Wie zuvor misslang auch diese Offensive. Die Gebirgsjäger leisteten so heftige Gegenwehr, dass die Russen am 28. Dezember 1941 ihre Offensive aufgrund schwerer Verluste beendeten. Erst jetzt war es möglich, Weihnachten nachzufeiern.

Rast während eines Spähtrupp-Unternehmens

Aus dem rückwärtigen Raum waren die Weihnachtspost und Weihnachtspäckchen herantransportiert worden. Vater hatte endlich Zeit, sich an den Briefzeilen und Gaben zu erfreuen. Am meisten erfreut war er über die pelzgefütterten Handschuhe, die Erfrierungen wirksamer vorbeugen sollten. Vor einem Monat hatte er sich bereits eine Erfrierung ersten Grades am kleinen Finger links zugezogen.

Am 30. Dezember 1941 fand im linken Abschnitt der Eismeerfront, an der Liza, nochmals ein russischer Angriff statt. Er konnte wirksam gestoppt werden. An Feindverlusten wurden registriert: *37 Tote, 10-15 Schwerverletzte, 4 Gefangene.* Darüber hinaus wurde im Kriegstagebuch auch erwähnt, dass zwei feindliche Rentiere getötet und 14 erbeutet wurden.

Das Jahr 1941 ging zur Neige. In Gedanken und im Gespräch ließ man es Revue passieren. Es hatte im steirischen Quartier am Semmering begonnen und endete hier oben am Eismeer. Der Polarkrieg gegen die Russen war viel schwieriger als der Balkanfeldzug. Murmansk zu erobern schien illusionär. Man war froh, die Front gehalten zu haben.

Vaters Blick auf die weite Tundra

Vater saß mit seinen Kameraden im Bunker, das neue Jahr erwartend. Alle hofften, vom Russen nicht allzu sehr gestört zu werden. Man delektierte sich an den Lukullitäten, die sich noch in vielen Weihnachtspäckchen befanden. Um die Stimmung zu heben, reichte man Aquavit, Beute-Wodka und Likör herum. Im Hintergrund spielte das Radio Schlager vom Soldaten-Sender Oslo. *Heimat deine Sterne. Grüß mir das blonde Kind am Rhein. Man müsste Klavier spielen können. Unter der roten Laterne von Sankt Pauli. Liebling, was wird nun aus uns beiden.*

Vater (2. v. r.) vor dem Wohnbunker

Um 24 Uhr brach entlang der Eismeerfront ein Feuerzauber los. Mit Leuchtmunition, Gewehrkugeln und Artilleriesalven. Die Russen veranstalteten ein ähnliches Spektakel. In diesen skurrilen Stunden verdrängten viele, dass in den letzten zweieinhalb Monaten mehr als 400 Kameraden fielen, 800 verwundet wurden und 40 als vermisst galten.

Der Divisionschef Schörner

Schörners ideologische Wandlung war auffallend und tiefgreifend: Weg vom unpolitischen Truppenführer der Weimarer Republik und hin zum nationalsozialistischen Heerführer des NS-Staates.

Roland Kaltenegger

Im Januar 1942 machte eine Nachricht die Runde, die in der 6. Gebirgsdivision ein seelisches Beben erzeugte. Vaters Divisionskommandeur war zum Generalleutnant befördert worden. Gleichzeitig wurde er zum Kommandierenden General des Gebirgskorps Norwegen ernannt. Einerseits waren viele Soldaten froh, dass er ging. Denn schließlich hatte man meistens Angst, wenn er auftauchte. Andererseits befürchtete man eine Minderung des militärischen Erfolges der Division.

Schörners Beförderung war eine weitere Station auf dessen Karriereleiter. Deren erste Sprosse war die einjährige Ausbildung beim Königlich-Bayerischen Infanterie-Leibregiment in München. Nach dem Philologie-Studium zog er am 7. August 1914 mit seinem Regiment, den »Leibern«, in den Krieg. Seine Feuertaufe erfuhr er an der Somme. Weitere Kriegsstationen waren: Dolomiten, Serbien, Verdun, Oberelsass, Isonzo, Flandern, nochmals Serbien und Bulgarien. Der hoch dekorierte junge Offizier schloss sich nach dem Kriegsende dem Freikorps Epp an. 1920 wurde er in das 100000-Mann-Heer der Weimarer Republik übernommen. Wie es das Wehrgesetz vorschrieb, blieb er zunächst politisch abstinent. Er wirkte sogar bei der Niederschlagung des Hitlerputsches am 9. November 1923 mit. 1928 wurde er Chef der 10. Gebirgskompanie in Kempten, wo er von seinem Offizierskollegen Eduard Dietl nationalsozialistisch indoktriniert wurde.

Die Reichswehr berief den kompetenten Hauptmann 1931 an die Kriegsschule Dresden, wo er als Taktiklehrer wirkte. Dort galt er als strenger Dozent, der seinen Schülern viel abverlangte und unter dem viele litten. 1937 erfolgten die Beförderung zum Oberleutnant und die Ernennung zum Kommandeur des Gebirgsjägerregiments 98 in Mittenwald am Fuß des Karwendelgebirges. Mit strenger Dienstauffassung und hartem Führungsverhalten agierte er in seiner neuen Rolle.

Als am 12. März 1938 Adolf Hitler den Befehl zum Einmarsch nach Österreich gab, gehörte Schörners Regiment zu jenen Einheiten, welche die Grenze überquerten. Er rückte mit seinen Gebirgsjägern in Innsbruck ein, wo sie freudig empfangen wurden.

Schörner war es auch, der an der nahen Brennergrenze den Kommandanten der italienischen Passbesatzung begrüßte: *Ich habe die Auszeichnung, zu versichern, dass alle Unternehmungen heute in einem durchaus kameradschaftlichen Geiste vor sich gehen, in einem Geiste, der den freundschaftlichen Beziehungen zwischen dem faschistischen Italien und nationalsozialistischen Deutschland und den beiderseitigen Armeen entspricht.*

Schörner war ein ehrgeiziger Offizier, der darauf hoffte,

seine militärischen Talente bald in die Tat umsetzen zu können. Die Gelegenheit hierzu eröffnete sich ihm, als am 1. September 1939 der Polenfeldzug begann. Sein Gebirgsjägerregiment 98, das der 1. Gebirgsdivision angehörte, befand sich zu diesem Zeitpunkt im nördlichen Mähren. Ihr Auftrag war es, möglichst rasch Lemberg zu erreichen. Dort sollte sie einen Rückzug des Feindes nach Osten verhindern. Schörners Regiment stieß als Vorausabteilung in einem atemberaubenden Tempo durch Südpolen vor. Am 21. September 1939 wurde die galizische Metropole erobert. Schörners Sturmfahrt nach Lemberg beeindruckte nicht nur seinen Divisionskommandeur Kübler, sondern auch die höchsten Stellen in Berlin. Auch sieben Monate später, in der ersten Phase des Westfeldzugs, bestach er durch sein militärisches Können und durch seine Führungsstärke. Sein Regiment kämpfte erfolgreich an der Maas und am Oise-Aisne-Kanal. Immer häufiger sprach man vom eisernen Ferdinand, wenn man Schörner meinte.

General Ferdinand Schörner

Frühjahrsschlacht an der Liza

So begann sich im Frühjahr 1942 eine große Abwehrschlacht in der Arktis abzuzeichnen.

Roland Kaltenegger

Nachfolger Schörners wurde Oberst Christian Philipp, der ab dem 17. Januar 1942 die 6. Gebirgsdivision kommandierte. Schörner war als kommandierender General des Gebirgskorps Norwegen zwar weiterhin im Divisionsbereich präsent, aber nicht mehr so häufig wie bisher. Der unmittelbare Vorgesetzte war jetzt Philipp, der zwar auch streng war, aber nicht so überhart wie der Schrecken der Tundra.

Strategisch änderte sich nach dem Führungswechsel nichts. Die militärische Lage und das Kampfziel waren gleichgeblieben. Mithilfe des Systems der Kampfstützpunkte und der Strategie der elastischen Verteidigung musste die Eismeerfront gegen die zahlenmäßig überlegenen Russen weiterhin gehalten werden.

Die Temperaturen waren nach wie vor polar. Täglich stieg die Zahl der Erfrierungsfälle. Schwere Schneestürme legten zwischendurch den Krieg lahm. Phasenweise herrschte Nebelwetter, das die Tage noch dunkler machte, als sie eh schon waren.

Wenn es das Wetter erlaubte, wurden immer wieder Spähtrupps ausgeschickt. Sie sollten herausfinden, was der

Feind nach Ende des Winters im Schilde führte. Während dieser Aktionen kam es bisweilen zu Feindberührungen. So geschah es am 12. Februar 1942. Beim Gefecht kamen acht Russen zu Tode. Eigene Verluste waren nicht zu beklagen.

Bei einer anderen Unternehmung traf Vaters Spähtrupp auf ein russisches Flugzeugwrack. In der Kanzel saß ein toter Pilot, dessen Leiche gefroren war. Dieser schauerliche Anblick verschlug Vater die Sprache.

Auf dem Marsch zum Angriff

Skurril war auch der Blick von Vaters Kampfstützpunkt auf das Niemandsland vor den deutschen Stellungen. Zwischen Krüppelkiefern und Felsbrocken lagen dutzende tote Russen, von der Eiseskälte mumifiziert. Sie konnten von ihren Kameraden nicht geborgen werden. Aus Angst, von deutschen Scharfschützen erschossen zu werden. In Vaters Kopf wurden Bilder wach, die er aus einem Bildband über den Stellungskrieg im Ersten Weltkrieg kannte.

Mitleid mit den toten russischen Soldaten war verpönt.

Das Feindbild vom hinterhältigen und hässlichen Iwan sollte vor empathischen Gefühlen schützen. Das militärische Leitbild war der harte, den Feind unerbittlich attackierende Soldat. Vater tat sich damit schwer. Er sah im Feind nicht den Untermenschen. Ebenso regte sich sein geheimes Mitleid, wenn er miterlebte, wie unmenschlich man mit russischen Kriegsgefangenen umging. Wenn sie nicht sofort erschossen wurden, mussten sie Zwangsarbeit leisten.

Da die Ernährung und die Unterbringung mangelhaft waren, überlebten viele die Gefangenschaft in der Arktis nicht. Ebenso schlecht ging es Deutschen, die in Finnland und Norwegen in Feldstraflagern, auch mobile KZs genannt, inhaftiert waren. Sie wurden beim Straßen- und Feldbahnbau und beim Offenhalten rückwärtiger Straßenverbindungen eingesetzt.

Vaters Mitleid war nicht dauerhaft. Es wurde von aggressiven Gefühlen abgelöst, wenn das eigene Leben und das der Kameraden bedroht waren. Wenn man ins Visier von Scharfschützen geriet. Wenn Artilleriegeschosse herüberflogen. Wenn Bomben fielen. Wenn man vermintes Gelände betrat. Wenn der Spähtrupp unter Beschuss geriet. Wenn Kameraden verletzt oder getötet wurden.

Ja, der Feind hielt keinen Winterschlaf. Ihn zu bekämpfen war soldatische Pflicht. Gleiches musste mit Gleichem vergolten werden. Am letzten Februartag 1942 wurden bei einem Stoßtruppunternehmen 30 Russen getötet. Tags darauf ließen 21 Russen ihr Leben, niedergestreckt durch deutsche Scharfschützen. Eines der Opfer war ein Essensträger. Als 14 Tage später die Russen erneut einen Kampfstützpunkt angriffen, erlitten sie wieder schmerzliche Verluste. Zehn tote Kameraden ließen sie zurück. Anfang April wurde hierfür Rache genommen. Es kam zu Nahkämpfen, an deren Ende acht Gebirgsjäger starben und sieben schwer verwundet wurden.

Dass die Russen in stärkerem Maße als bisher angreifen werden, war angesichts des nahenden Frühlings zu erwarten. Nach dem dunklen Winter kehrte das Licht in die Tundra zurück. Die Temperatur stieg an. Die Voraussetzungen für größere militärische Operationen verbesserten sich. Alle Beobachtungen deuteten auf eine russische Frühjahrsoffensive hin.

Der Feind beabsichtigte, die 6. Gebirgsdivision zu umschließen und zu vernichten. Ende April 1942 landeten starke russische Einheiten an der Eismeerküste zwischen den Mündungen der Liza und Titowka. Pausenlos griff die russische Infanterie die deutschen Stellungen an, unterstützt von Granatwerfer- und Artilleriefeuer. Es tobte eine heftige Abwehrschlacht.

An manchen Frontstellen konnten die Angreifer nur noch im blutigen Nahkampf abgewiesen werden. Vater wähnte sich dem Tod sehr nahe. Trotz zahlenmäßiger Überlegenheit erreichten die Russen ihr Ziel nicht. Die Gebirgsjäger hielten die Front um den Preis starker Verluste. Sie wäre zusammengebrochen, wenn nicht Tragtierführer, Kraftfahrer, Schreiber, Waffenmeister-Gehilfen und Pioniere als Lückenfüller für die Gefallenen und Verwundeten eingesetzt worden wären.

Die Abwehrkämpfe verlangten den deutschen Soldaten das Äußerste ab. Manche gerieten in extreme physische und psychische Erschöpfung. Sie wurden handlungsunfähig und blieben am Boden liegen. Weder ermutigendes Zusprechen noch Anschreien halfen ihnen aus ihrer Starre.

Auf der anderen Seite der Front war die Situation ähnlich. Die Russen hatten keine Kraft mehr für eine neue Offensive. Sie hatten noch höhere Verluste erlitten.

Brücke über die Liza

Im Kriegstagebuch des Oberkommandos der Wehrmacht wurde am 15. Mai 1942 zusammenfassend festgestellt:

Murmansk-Front: Wegen der vernichtenden Niederlage und der schweren Verluste, die der Feind in der letzten Zeit bei seinem Landeunternehmen an der Liza-Bucht erlitten hat, und wegen der bevorstehenden Schneeschmelze, hat er scheinbar weitere Angriffsabsichten an dieser Front aufgegeben. In der Zeit vom 26.4. bis 13.5. hat der Feind an der Mur-

mansk-Front 119 Angriffe mit zusammen 29 Bataillonen ge-
führt. Er verlor hierbei etwa 8000 Tote und 200 Gefangene.

Bald wurde die über die 6. Gebirgsdivision verhängte Urlaubssperre aufgehoben. Dies nährte Vaters Hoffnung auf
einen Heimaturlaub, den er schon seit einiger Zeit bean-
tragt hatte. Eher in bescheidenem Maße, denn viele Kameraden, vor allem Verheiratete, rangierten vor ihm auf
der Antragsliste.

Ende Mai erlebte Vater zum ersten Mal den Tundra-Frühling, der die Landschaft innerhalb weniger Tage
radikal verwandelte. Am 28. Mai 1942 stieg das Thermometer auf 16° Celsius. Die Frühjahrssonne ließ die Pflan-
zen- und Tierwelt erwachen. Die neue Jahreszeit machte
das Leben in dieser Übergangszone zwischen der Taiga
und der Eiswüste klimatisch erträglicher. Die Skier und
die weiße Tarnkleidung kamen ins Depot.

Der Tundra-Frühling ging rasch in den Tundra-Sommer
über. Die oberste Schicht des Dauerfrostbodens taute auf.
Das Thermometer kletterte weiter nach oben.

Sirrende Schwärme von Stechmücken peinigten nun die
Gebirgsjäger. Ihre Stiche erinnerten Vater an den Feldzug
in Griechenland. Es gab Sommertage, an denen die Mü-
ckenabwehr ihn mehr beschäftigte als die Russen. Letztere
verhielten sich dauerhaft defensiv. Gelegentlich meldeten
sie sich mit Artilleriebeschuss, der von rückwärtigen Stellungen erfolgte. Der Divisionsstab wollte sie mit einem
Stoßtrupp unschädlich machen. Für dieses Unternehmen
wurde auch Vater ausgewählt. Zuvor wurde die Feindstel-
lung durch Luftaufklärung und Spähtrupps präzise geortet.
In Planspielen wurde der Angriff geübt.

Da Stoßtrupps äußerst riskant waren, sah Vater dem Tag X keineswegs in Heldenstimmung entgegen. Die Vorstellung, in der Tundra tot zurückzubleiben, erfüllte seine Seele mit Angst. Er war froh, als das Unternehmen in einer weißen Sommernacht begann. Mit Nebelgranaten wurde den Russen die Sicht genommen. Es folgten blutige Grabenkämpfe. Obwohl sich die Russen hartnäckig verteidigten, mussten sie sich zurückziehen und die Artilleriestellung aufgeben. Zwischen den Bunkern lagen 80 tote Russen. Ein Teil starb durch Gewehrkugeln, der andere durch Handgranaten. Vaters Stoßtrupp verlor drei Kameraden. Zwei davon auf dem Rückzug, der fast noch gefährlicher war als der Angriff, da die Russen von benachbarten Stellungen aus das Feuer eröffneten. Erschöpft kehrte Vater in seinen Kampfstützpunkt zurück. Er fiel in einen narkotischen Schlaf. Ihm gingen in den folgenden Tagen die Bilder von den zerfetzten Russen durch den Kopf. Für seine tödliche Arbeit bekam er später das Eiserne Kreuz II. Klasse verliehen. Begründet wurde dies mit besonderer Tapferkeit und soldatischen Leistungen. Wenig später wurde der Unteroffizier auch noch zum Feldwebel befördert.

Nach diesem Stoßtrupp-Unternehmen keimte im Oberkommando der Wehrmacht wieder die Absicht einer neuen Offensive in Richtung Murmansk beziehungsweise Murmanbahn. Hitler hatte darüber anlässlich eines Finnlandbesuchs mit General Dietl gesprochen, der sich dazu skeptisch äußerte. Dennoch gab es am 21. Juli 1942 eine Führerweisung:

Es kommt nunmehr darauf an, auch die nördliche Versorgungslinie abzuschneiden, die Sowjetrußland mit den angel-

sächsischen Mächten verbindet. Dies ist in erster Linie die Murman-Bahn, auf der die Materiallieferungen aus Amerika und England in der überwiegenden Menge in den Wintermonaten zugeführt worden sind. Die Bedeutung dieser Versorgungslinie wird sich erneut steigern, wenn Jahreszeit und Witterung einen erfolgreichen Einsatz gegen die Geleitzüge im Norden ausschließen.

Vater war überrascht, dass er trotz dieser strategischen Planungen eine Nachricht erhielt, mit der er nicht mehr gerechnet hatte. Er bekam Heimaturlaub von Mitte August bis Mitte September. Ihm war klar, dass ein Drittel dieser Auszeit für die Hin- und Rückreise draufging. Dennoch empfand er riesige Freude. Ihm war es wichtig, nach einem Jahr endlich die Heimat und seine Familie wiederzusehen.

In einem LKW verließ Vater die Front. Es ging über die holprige Eismeerstraße durch Finnisch-Lappland nach Rovaniemi. Jener Ort am Polarkreis, der im vergangenen Herbst Zwischenstation auf dem Weg zur Eismeerfront war. Jetzt war Rovaniemi Startpunkt einer 700 km langen Bahnfahrt durch endlose Wälder bis nach Turku an der Südwestküste Finnlands. Die Gespräche mit den mitreisenden Kameraden wurden von der Frage beherrscht, was sie wohl in der Heimat erwarten werde. Trotz vieler Befürchtungen und Sorgen überwog Freude die stundenlange Unterhaltung.

Von Turku aus reisten die Heimaturlauber auf einem Truppentransporter über die Ostsee nach Stettin. Während der Reise war das Tragen von Schwimmwesten Pflicht. Vater fürchtete sich vor Luft- und U-Boot-Angriffen. Er war froh, als er unversehrt an der Ostseeküste ankam.

In einem überfüllten Zug der Reichsbahn fuhren die Gebirgsjäger zunächst nach Berlin. Vater bestieg dort einen D-Zug in Richtung Rheinland. Während der Fahrt blieben seinen Augen die Hinterlassenschaften des Bombenkrieges nicht verborgen. Besonders schlimm war der Blick auf die Kölner Innenstadt, die im Mai und Juni 1942 von britischen Bombenangriffen weitgehend zerstört wurde. In Köln stiegen zwei Gebirgsjäger ins Abteil zu, die der Zweiten Gebirgsdivision angehörten. Was Vater erstaunte, war ihre Reiseroute, die über Schweden ins Reich führte. Konnte das sein, Schweden war doch neutral? Ja doch, es stimmte. Aus Angst vor einem deutschen Überfall kooperierte Schweden mit den Nazis. Es belieferte Deutschland mit Eisenerz aus den nordschwedischen Eisenerzfeldern. Und es tolerierte den Transit deutscher Soldaten.

In den frühen Abendstunden eines schwülen Augusttages war die Reise vom Eismeer zum Schwarzwälder Heimatdorf zu Ende. Eine unbeschwerte Wiedersehensfreude konnte nicht aufkommen, da Vaters jüngerer Bruder vor vier Wochen in Leningrad gefallen war. Ein hitlergläubiger Mensch, dessen Leben von einem russischen Scharfschützen jäh beendet wurde. Er war vom Endsieg felsenfest überzeugt. Sein Foto stand auf einem kleinen Gedenktisch, von einem »ewigen Licht« beleuchtet.

Vater saß mit den Seinen beim Abendbrot. Ihm schien zunächst, als wäre es ein Leichenessen. Nachdem das Geschirr abgetragen war, entwickelte sich dann doch ein reges Gespräch. Im Mittelpunkt stand das, was Vater an der Eismeerfront erlebt hatte.

Für die Familie war es ein Wunder, dass Vater noch lebte. In den folgenden zehn Tagen fügte er seinem mündlichen

Erzählbuch Kapitel um Kapitel an. Die Zeit zwischen seinen Lesungen verbrachte er mit Besuchen und mit ausgiebigem Schlafen. Was Vater während dieser Urlaubstage am meisten genoss, war die Abwesenheit des Krieges. Kein Kampflärm, kein nächtlicher Alarm, kein Polarwetter. Hier in der Waldlandschaft des Schwarzwaldes war Frieden mitten im Krieg. Dieser endete, als er von den weinenden Gesichtern seiner Angehörigen Abschied nehmen musste.

Schutz der offenen Flanken

Die langen offenen Flanken (an der Eismeerfront) …
blieben ohne ausreichenden Flankenschutz auf Dauer ein
gefährliches Risiko, das nicht zu vertreten war.

Friedrich W. Thorban

Vaters Heimaturlaub war unweigerlich zu Ende. Er musste zurück an die Eismeerfront. Nach einer langen Zugfahrt erreichte er Danzig, wo er am übernächsten Tag einen Truppentransporter bestieg. Auch diesmal hatte er eine Schwimmweste an. Der Zielhafen war wiederum das finnische Turku. Nach der Ankunft erfuhr er, dass seine Division in rückwärtige Stellungen beordert worden war. In ihre Stellungen an der Hauptkampflinie rückte die 2. Gebirgsdivision ein.

Als Vaters Rückreise zu Ende ging, war das Klima schon wieder winterlich. Das neue Quartier seines Bataillons befand sich jetzt südlich von Kirkenes in der nordnorwegischen Provinz Finnmark. Hauptaufgabe war es, die offene Flanke der 2. Gebirgsdivision gegen russische Angriffe zu sichern. Vater nahm regelmäßig an Feldwachen teil. Diese sollten verhindern, dass Feindkräfte durch die Frontlücken eindringen. Feldwache bedeutete, draußen in der Taiga ein bis zwei Wochen in provisorischen Stellungen zu kampieren. Von dort aus wurden die Überwachungs- und Aufklärungsaktionen gestartet. Sie wurden mit hoher Aufmerksamkeit durchgeführt. Wenn Russen entdeckt wurden, galt es, sie in die Flucht zu schlagen oder ganz zu vernichten. Der kommandierende General des Gebirgskorps Norwegen erwartete von seinen Soldaten in solchen Situationen die unbedingte Bereitschaft zur Selbstaufopferung. Einer seiner Sonderbefehle lautete:

Der Gehorsam und die Treue zur Sache stehen über allem. Schwache Naturen aber müssen wissen, dass die Führung hart genug ist, um jede mangelnde Initiative, jede Art von Pflichtverletzung oder gar Feigheit vor dem Feind mit der Härte der Kriegsgesetze zu bestrafen. Im Entscheidungskampf von Weltanschauungen spielt unser individuelles Leben gar keine Rolle.

Biwak in der offenen Flanke

Während dieser Feldwachen im Herbst 1942 wurden immer mal wieder Spuren entdeckt, die vom Feind stammten. Bisweilen unternahm man Verfolgungsaktionen, die selten zu Kampfhandlungen führten. Im Kriegstagebuch mehrten

sich Einträge wie *ohne besondere Ereignisse, Lage unverän-*
dert oder *seltene Feindberührung.*

Vater freute sich jedes Mal auf das Ende der Feldwache.
Denn inzwischen war das Klima wieder arktisch. Alle empfanden das als Extrembelastung. Die ersten Erfrierungen
mussten verarztet werden. Das einzig Positive, das man dieser Situation abgewinnen konnte, war der klimabedingte
Rückgang der feindlichen Kampftätigkeiten.

Nach einem längeren Marsch gelangten die Gebirgsjäger ins rückwärtige Lager. Eine kleine Wald-Siedlung, aus
Holzbaracken bestehend. In diesem Refugium blieb man
von feindlichen Attacken verschont. Meistens war Heimat-
post da: Briefe und Fresspakete.

Rückwärtiges Barackenlager

Ein besonderer Luxus im Baracken-Dorf war der Besuch
der Sauna, die in einer Blockhütte eingerichtet worden war.
In dieser Schwitzbude reinigte Vater nicht nur seinen Körper, sondern beruhigte auch sein Nervensystem, das von
Stresshormonen durchseucht war. Die hohe Sauna-Tem-

peratur kam ihm unwirklich vor, denn draußen vor der Blockhaustür zeigte das Thermometer schon wieder beängstigende Minusgrade an.

Vaters Blockhütte

Vater dachte in der zweiten Novemberhälfte des Jahres 1942 oft an die Soldaten der 6. Armee. Sie hatten bereits 90 Prozent von Stalingrad eingenommen, waren dem Sieg greifbar nah und wurden dann binnen vier Tagen durch eine Umfassungsoperation der Russen eingekesselt. Ein entscheidender Grund war, dass sie aufgrund des Mangels an klimatauglicher Ausrüstung und Kleidung dem »General Winter« hoffnungslos ausgeliefert waren. Hitler ließ sich davon nicht beeindrucken. Er blieb optimistisch und sandte dem Oberkommando der 6. Armee ein Fernschreiben, das Mut machen sollte:

Die Schwierigkeiten des Kampfes um Stalingrad und die gesunkenen Gefechtsstärken sind mir bekannt. Die Schwierig-

keiten für den Russen sind jetzt aber bei dem Eisgang auf der
Wolga noch größer. Wenn wir diese Zeitspanne ausnützen,
sparen wir uns später viel Blut. Ich erwarte deshalb, dass die
Führung nochmals mit aller wiederholt bewiesener Ener-
gie und die Truppe nochmals mit dem oft gezeigten Schneid
alles einsetzen, um wenigstens bei der Geschützfabrik und
beim Metallurgischen Werk bis zur Wolga durchzustoßen
und diese Stadtteile zu nehmen. Luftwaffe und Artillerie
müssen alles tun, was in ihren Kräften steht, diesen Angriff
vorzubereiten und zu unterstützen.

Was die Lage der 6. Armee bedeutete, war den Soldaten an
der Nordfront sehr bewusst. Für Vater war es nicht nach-
vollziehbar, dass Hitler den Ausbruch aus dem Kessel von
Stalingrad General Paulus untersagte. In den täglichen
Radiosendungen war von einem heldenhaften Kampf die
Rede. Eine zynische Umschreibung des elenden Sterbens
der Kameraden.

Am Nordabschnitt der Ostfront war es Ende 1942 noch
kälter als im 1000 km südöstlich von Moskau gelegenen
Stalingrad. Doch die am Eismeer kämpfenden Gebirgsjäger waren wintererprobter. Sie wussten, wie man die Kälte
und die Schneestürme überlebt. Nur dadurch war es ihnen möglich, die Front zu halten. Wie schon ein Jahr zuvor
blieb ihre Hauptkampflinie weitgehend unverändert. Deren
Verteidigung hatte vom Januar bis zum Dezember 1942 in
der 6. Gebirgsdivision zahlreiche Verluste und Ausfälle zur
Folge. Es fielen 1091 Kameraden. 3624 wurden verwundet.
152 galten als vermisst. Zwei wurden wegen Fahnenflucht
zum Tode verurteilt und hingerichtet.

Vaters Stimmung war in den Dezember-Tagen des Jahres

1942 alles andere als gut. Sie hätte besser sein müssen, denn er kämpfte nicht in der vordersten Linie wie ein Jahr zuvor. Was er von den anderen Kriegsschauplätzen mitbekam, stimmte ihn pessimistisch. Dies konnte auch Goebbels Propaganda nicht verhindern. Die Russen übernahmen an der deutsch-sowjetischen Front die Initiative. In Nordafrika zeichnete sich eine Niederlage der Achsenmächte ab. Und im Reich richteten die Bombenangriffe der Alliierten immer größere Schäden an.

Zu diesem Pessimismus gesellte sich sowohl bei Vater als auch bei seinen Kameraden die Winterdepression, verursacht durch den Lichtmangel der arktischen Wintertage. Daran konnten auch die Kerzen am Weihnachtsbaum in der Baracke nichts ändern. Ebenso wenig die Weihnachtsbriefe und Weihnachtspäckchen, die erstaunlich pünktlich in der Region Kirkenes aus der Heimat eintrafen.

Am Heiligen Abend wurde die Stimmung durch Schnaps, Bier und Wein kurzfristig angehoben. Da Vater seit seiner Malaria-Erkrankung wenig Alkohol vertrug, wirkte dieses Antidepressivum nur in bescheidenem Maße. Umso intensiver paffte er an diesem Abend Zigaretten. Einen Teil davon draußen vor der Barackentür, wo er nachdenklich in den vom Nordlicht erleuchteten Weihnachtshimmel starrte. In Gedanken war er auch bei den Kameraden von der 2. Gebirgsdivision, die zeitgleich an der Hauptkampflinie die Stellung halten mussten. Dort blieben Kampfhandlungen, wenn auch etwas reduziert, nicht aus. Ein Gefecht war recht heftig. Zwei eigene Kameraden und fünf Russen überlebten es nicht.

Die künstliche Verbesserung der Stimmung wirkte bei den meisten Gebirgsjägern nur von kurzer Dauer. Am Morgen des ersten Weihnachtstages litten viele unter den Folgen des übermäßigen Alkoholkonsums. Die Trübsal wurde an den folgenden Tagen durch Schneestürme verstärkt. Die militärischen Aktivitäten hielten sich in engen Grenzen. Am vorletzten Tag des Jahres gastierte in der großen Baracke eine Theatergruppe, die ein bisschen Abwechslung in die Monotonie des arktischen Soldatenlebens brachte.

Den Silvesterabend verbrachte man im kleinen Kreis in den Baracken – saufend und rauchend. Um Mitternacht wurde das neue Jahr mit Leuchtmunition begrüßt. Vaters Wünsche waren recht bescheiden. Nicht sterben und in den Heimaturlaub fahren. Das erhoffte er sich.

Hoffnungsloser als je zuvor war die Situation, in der sich die Kameraden Anfang Januar 1943 im Kessel von Stalingrad befanden. Die Rundfunkmeldungen deuteten das Finale der Katastrophe an. Ende des Monats kapitulierte die Südgruppe der 6. Armee. Hierüber wurde im Kriegstagebuch des Oberkommandos der Wehrmacht vermerkt:

In Stalingrad brach trotz heldenmütiger Abwehr die bisherige Front des Südkessels zusammen. Der Armeestab igelte mit letzten Teilen im Umkreis von 300m um den »Roten Platz«. Am 31.01. morgens trifft der letzte Funkspruch der von Generalfeldmarschall Paulus geführten Südgruppe ein. Darauf geht ihr Widerstand zu Ende. Teile des VIII. Armeekorps verteidigen anscheinend noch die Pionierkaserne. Im Nordkessel hält das XI. Armeekorps die Westfront; es meldet, dass es befehlsgemäß bis zum Letzten kämpft.

Zwei Tage später stellten die letzten Einheiten im Nordteil der Stadt an der Wolga ihre Kampftätigkeit ein. Es war die Wende im Zweiten Weltkrieg. Ihre letzte Meldung lautete:

XI. Armeekorps hat mit seinen sechs Divisionen in schwerstem Kampf bis zum letzten seine Pflicht erfüllt. Es lebe der Führer! Es lebe Deutschland!

Obwohl Vater und seinen Kameraden die Kapitulation der 6. Armee sehr zu schaffen machte, waren sie froh, von den Russen an der Nordfront noch nicht eingekesselt worden zu sein. Goebbels Sportpalast-Rede, die als Reaktion auf die Niederlage der 6. Armee erfolgte, erzeugte in ihnen keine Zuversicht. Auf seine Frage, ob sie den totalen Krieg wollen, antwortete niemand mit einem fanatischen Ja, als sie Teile seiner Suada im Rundfunk hörten. Doch niemand wagte es, seinen Pessimismus zu offenbaren.

Die schlechten Nachrichten verstärkten die Sinnfrustration. Hierzu kam die Triebnot, von der viele Soldaten heimgesucht waren. Es fehlten die Gelegenheiten zur Triebabfuhr, die an anderen Frontabschnitten vorhanden waren. Es war schwierig, diese bis zum Heimaturlaub aufzuschieben. Nur einer kleinen Minderheit gelang es, mit den wenigen norwegischen und finnischen Lottas anzubandeln.

Lottas waren junge Frauen, die für die Deutschen als Sanitäts-, Feldküchen- und Verwaltungshelferinnen tätig waren. Jenseits des Polarkreises gab es auch nur wenige Angebote käuflicher Liebe. So zum Beispiel in Kirkenes, wo ein kleines Privatbordell existierte. Ob Vater und seine Kameraden davon Gebrauch machten? Darüber schwieg er.

Im Januar 1943 war es alles andere als eine freudvolle Abwechslung, zu einer Feldwache auszurücken zu müssen. Obwohl Vaters Winterfestigkeit zugenommen hatte, erlebte er das Kampieren in der eiskalten Polarlandschaft als sehr unangenehme Härteprobe. Feindberührungen gab es kaum, allerhöchstens entdeckte man mal einige Spuren. Man wusste nicht, ob diese von Lappen, Partisanen oder regulären russischen Soldaten stammten.

Als der Januar zu Ende ging, kam ein starker Südwestwind auf. Die Temperaturen stiegen deutlich an. Es kam zu einem heftigen Schneetreiben. Vater war froh, dass er ein paar Tage vorher von der Feldwache zurückgekehrt war. Er genoss die Wärme im Barackenlager.

Die Kameraden an der Hauptkampflinie, an die er fortlaufend dachte, hatten es im Februar 1943 sehr schwer. Die Russen erhöhten, motiviert durch den Sieg in Stalingrad, den Druck auf die Eismeerfront. Ihre Fliegerangriffe nahmen zu. Und ihre Bodentruppen attackierten immer mal wieder einzelne Kampfstützpunkte. Deren Besatzungen mussten alle Kräfte mobilisieren, um die Angriffe abzuweisen. Ihr Nachschub verlief zäh, da die Eismeerstraße durch die Schneestürme regelmäßig verweht wurde.

Weil die offene Flanke der Eismeerfront nicht durchlässig werden durfte, musste Vater auch im Februar an Feldwachen und Spähtrupps teilnehmen. Auf Polarfüchse und Schneehühner traf man während dieser Unternehmungen häufiger als auf Feinde. Zweimal fand man Flugzeugwracks. Das eine Mal einen russischen Bomber, das andere Mal ein deutsches Jagdflugzeug. Vater war froh, nicht der Luftwaffe anzugehören. In den Lüften schien man dem Tod noch näher zu sein als am Boden.

Ende Februar nahm die Anzahl derer ab, die am Eismeer-Koller litten. Es war zwar noch sehr kalt, aber die Zeitstrecke bis zum Ende des Winters war nicht mehr lang. Anfang März rückte Vater mit einer Ski-Jägerkompanie zu einem Feldlager aus. Wiederum stellte das Biwakieren die Überlebensfähigkeit auf eine harte Probe. Russen waren weit und breit nicht zu sehen. Hin und wieder tauchten Lappen auf, die man intensiv kontrollierte und befragte. Ihnen war nicht zu trauen, da man nie genau wusste, auf welcher Seite sie standen.

Auf dem Rückmarsch tauchten russische Flugzeuge auf, die seltsame Dinge abwarfen. Es war, als würden Brieftauben fliegen. In Wirklichkeit waren es Flugblätter. Mittel der psychologischen Kriegsführung, die auf die Moral der Soldaten abzielten. Der Feind hoffte nach der Niederlage von Stalingrad auf mehr Überläufer. Vater führte sich den Text zu Gemüte:

Deutsche Soldaten der Nordfront!
Hitler und seine Bande, welche die Interessen des deutschen Volkes nicht geachtet hatten, haben wie Diebe ohne Bekanntmachung gegen die Heimat aller Werktätigen – die Union der Sozialistischen Sowjetrepubliken – einen Krieg begonnen.

Das Sowjetvolk verteidigt sein Land und ist in einem vaterländischen Krieg gegen die deutschen Faschisten begriffen. Die Felder des Sowjetlandes sind mit dem Blute der Deutschen, Österreicher und Finnen bedeckt.

Die Arbeiter, Angestellten und Kollektivbauern sind alle bewaffnet, und die deutschen Truppen werden auf eine Front an allen Orten, wo sie erscheinen, treffen und ihr Grab finden. Glaubt nicht an die Berichte der Offiziere von den Siegen im Kampf mit der Roten Armee. Diese Prahlerei mit den Siegen fühlt ihr selbst an der Nordfront!

Österreicher! Bewahrt die Revolutionstradition eurer Väter, die mutig die Faschisten auf den Barrikaden in Wien geschlagen haben. Schlagt eure Unterdrücker – die deutschen Faschisten! Kommt an die Seite der Roten Armee! Deutsche Soldaten! Hitler treibt euch in einen sinnlosen Krieg gegen die Werktätigen der Sowjetunion. Macht Schluss mit dem Krieg! Wendet eure Waffen gegen die Nazi um! Rettet euer Leben, kommt zu uns.

Vaters steirischer Kamerad Wastl entdeckte unter dem abgeworfenen Propagandamaterial eine Broschüre mit der Aufschrift *Das Neue Soldaten-Liederbuch*. Darin befand sich unter anderem folgendes Spottlied:

Ich hatt' einen Kameraden,
Einen bessern findst du nit.
Gleich bei den ersten Stürmen
Sprach er: »Komm, laß uns türmen!
Ich mach das nicht mehr mit!«

Ein Flugblatt kam geflogen.
Fliegt's zu mir oder flieg's zu dir?
Er hat es aufgefangen
Und ist hinübergegangen!
Warum blieb ich bloß hier?

Obwohl Vater und viele seiner Kameraden nicht mehr an den Endsieg glaubten, demoralisierten sie solche Texte nicht. Jetzt zu den Russen überzulaufen und die Kameraden ihm Stich zu lassen, das wollten und wagten sie nicht. Sie freuten sich auf die Rückkehr in die Baracke, auf eine gute warme Mahlzeit und auf ein entspannendes Schwitzbad in der Sauna.

Hoher Besuch am Stützpunkt

In der zweiten Märzhälfte 1943 kam die Schneeschmelze in Gang. Die Tundra und Taiga verwandelten sich in ein Morast- und Sumpfland. An der Hauptkampflinie mehrten sich die russischen Feuerüberfälle mit Artillerie und Granatwerfern. Da Vaters 6. Division weiterhin im rückwärtigen Gebiet stationiert blieb, bekamen sie diese Angriffe nicht unmittelbar zu spüren. Im Gegensatz zu den Kameraden der 2. Division.

Täglich erfuhr Vater auch, was an den einzelnen Weltkriegsfronten passierte. Im Soldatenradio hörte er Meldungen über die Abwehrschlachten an der Ostfront, über die

Rückzugsbewegungen in Afrika und die Feindeinflüge ins Reichsgebiet. Es dämmerte ihm, dass die Wehrmacht zu großen Angriffsoperationen nicht mehr in der Lage war. Hitler wollte dieser Einsicht, die sich in den Köpfen vieler Soldaten und Offizieren breitmachte, durch einen Operationsbefehl entgegenwirken:

Es kommt darauf an, dem Feind wenigstens in einem Frontabschnitt das Gesetz des Handelns vorzuschreiben und ihn an den anderen anrennen und verbluten zu lassen. Die dafür notwendigen Vorbereitungen sind im Hinblick auf das früher als im Vorjahr eintretende Ende der Schlammperiode sofort in Angriff zu nehmen.

Vater hoffte, dass diese Offensive nicht in seinem Frontabschnitt stattfinden werde. Hier oben im Nordosten den Feind angreifen zu müssen wäre ein katastrophales Unterfangen.

Heimaturlaub 1943

Ohne Heimat sein heißt leiden.

Fjodor Michailowitsch Dostojewskij

Während es Anfang April des Jahres 1943 im Süden Deutschlands recht mild war, war es oben an der Nordfront alles andere als frühlingshaft. Heftige Schneefälle drückten aufs Gemüt der Gebirgsjäger. Vater war des arktischen Lebens überdrüssig. Die schlechte Stimmung kompensierte er mit der Hoffnung auf Heimaturlaub im Juni. Der Kompaniechef bezeichnete seine Aussicht als realistisch.

Im April musste Vater nicht an Feldwachen teilnehmen. Er verbrachte die Tage mit Kurierfahrten nach Kirkenes, mit der Einweisung neu angekommener Soldaten, die er Frischlinge nannte, und mit der taktischen Vorbereitung des nächsten Einsatzes an der Hauptkampflinie, der für den August geplant war.

Die Abende waren nicht trübselig. Feuchtfröhliche Runden, Frontkino, Fronttheater und Schwitzbäder sorgten für Abwechslung. Erstaunt war man über die immer noch reichliche Verpflegung. Grund war, dass der Nachschub weiterhin funktionierte. Besonders entlang der norwegischen Küste sorgten die Luftwaffe und die Kriegsmarine für einen relativ wirksamen Schutz der Seetransporte, wie aus den Kriegsberichten hervorgeht:

Vater (3. v. l.) mit Kameraden vor dem Soldatenheim

3. April 1943
Einflug von 3 Feindflugzeugen in den Raum von Oslo. Bei Abflug 1 Flugzeug südl. Lindesnes durch Jäger abgeschossen.

12. April
10 Flugzeuge flogen in südnorweg. Küstengebiet ein. 3 Flugzeuge (2 Hampden, 1 Bristol Beaufighter) wurden durch Jäger abgeschossen.

13. April
Mehrere Einflüge in südnorweg. Küstengebiet mit zwei erfolglosen Angriffen auf eigene Geleite. 1 Hampden und 1 Torpedoflugzeug durch Bordflak abgeschossen.

23. April
1 feindliches Flugzeug wurde an der norweg. Südküste abgeschossen

1. Mai
20.20-21.45 Uhr Einflug mit etwa 61 Maschinen im Seegebiet
Stavanger. 13 Abschüsse durch Jäger, 2 durch Flak.

Anfang Mai holte im finnisch-norwegischen Norden der
Frühling das nach, was er bisher versäumt hatte. Es wurde
spürbar wärmer. Vater musste wieder einmal an einem
längeren Marsch zu einer Feldwache teilnehmen. In den
Tagen zuvor waren die Russen erneut im rückwärtigen
Gebiet aktiv. Zeitweise war es ihnen sogar gelungen, bis
zur Eismeerstraße vorzudringen, wo sie den Nachschub
störten. Ohne spürbare Verluste gelang es Vaters Sonder-
einheit, den Feind zurückzudrängen und den Nachschub
auf der Eismeerstraße wieder sicher zu machen. Danach
wurde sie abgelöst und konnte ins Ausgangslager zurück-
kehren.

Im Lager erfuhren die Rückkehrer unangenehme Neuigkeiten. Im fernen Nordafrika hatten die deutschen und
italienischen Truppen kapitulieren müssen. Das einst erfolgreiche Afrikakorps, so wurde vermeldet, hatte *nach tap-
ferstem Kampf und heldenhaftem Widerstand zu bestehen
aufgehört. Ihr letzter Gruß lautete: »In treuer Pflichterfül-
lung grüßen die letzten Kämpfer ... die Heimat und unseren
Führer. Es lebe Großdeutschland.«*

Auch das, was die Kriegsmarine berichtete, klang schlecht.
Großadmiral Karl Dönitz musste den U-Boot-Krieg gegen
die alliierten Geleitzüge vorerst abbrechen. Im Mai wurden
38 von 118 ausgelaufenen U-Booten versenkt. Die Alliierten
hatten den deutschen Marine-Code geknackt und in Form
des Radars ein sehr wirksames Ortungsmittel entwickelt.
Noch düsterer als nach der Niederlage in Stalingrad nahm

Vater die Gesamtkriegslage wahr. Weiterhin war er dazu verdammt, seine Sicht des Kriegsverlaufs zu verschweigen.

An der nordischen Wetterfront war der Kampf der Temperaturen zu Ende. Das Thermometer blieb endgültig über Null. Am 4. Juni 1943 kletterte es auf 20° Celsius. Der Frühling hatte sich überall durchgesetzt und ging rasch in den Sommer über. Es gab schon wieder Waldbrände. Die Sonne strebte dem nördlichen Wendepunkt zu.

In der Tundra und Taiga fand die jährliche Explosion des Lebens statt. Aus Vaters Gemüt verschwand die schlechte Stimmung. Aber nicht nur aufgrund des jahreszeitlichen Wechselgeschehens, sondern auch wegen eines Ereignisses, auf das er seit vielen Monaten gewartet hatte. Ihm wurde für die Zeit von Mitte Juni bis Mitte Juli ein Monat Heimaturlaub genehmigt. Sofort setzte er sich an den Holztisch in der Baracke und teilte die frohe Botschaft seiner Familie brieflich mit.

Die erste Junihälfte verbrachte Vater mit Kurierfahrten und Routinetätigkeiten im Barackenlager. Feindliche Angriffe gab es momentan nicht. Die Russen waren großenteils an der Hauptkampflinie aktiv, wo sie mit Artillerie, Scharfschützen und einzelnen Bombenangriffen die Kameraden von der 2. Gebirgsdivision ärgerten. Die gefährlichsten »Feinde« waren für die 6. Gebirgsdivision derzeit die unzähligen Stechmücken. An manchen Stellen hingen die Biester wie schwarze Nebelschwaden über dem Boden.

Als Vater seine lange Urlaubsreise antrat, hoffte er, den Schwarzwald lebend wiederzusehen. Die Seewege von der Nordfront nach Deutschland waren deutlich unsicherer geworden. Am 1. Juni 1943 war nach einem Minentreffer ein Lazarettschiff mit verwundeten und kranken Kameraden gesunken. Und die Zahl der stetig steigenden Bombenangriffe erhöhte das Sterberisiko auch für Zugreisende.

Die Freude auf die Heimat war trotz der gestiegenen Risiken größer als die Ängste. In der Monatsmitte begann Vaters Heimreise – wiederum auf einem Lastwagen über die Eismeerstraße nach Rovaniemi, wo nach zwei Tagen Zwischenaufenthalt der Zug in Richtung Hangö im Südwesten Finnlands abfuhr. Als dort Vater das Schiff bestieg, war ihm nicht gut zumute. Während der Seereise nach Stettin, dessen Innenstadt im April 1943 zerbombt worden war, drückte er kein Auge zu. Er war heilfroh, als er wohlbehalten an der Ostseeküste ankam. Während der mehrtägigen Zugfahrt in Deutschlands Süden fiel ihm auf, dass die Stimmung der mitreisenden Kameraden schlechter war als im Jahr zuvor. Verhalten skeptisch tauschte man sich über die Lage an der Front und in der Heimat aus. Selten mahnte jemand den Glauben an den Endsieg an.

An einem heißen Junitag gab es ein freudiges Wiedersehen mit der Familie. Vater war gottfroh, dass alle gesund geblieben waren. Man genoss ein köstliches Begrüßungsessen. Die Familie hing anschließend an Vaters Lippen, der über das seit dem letzten Urlaub Geschehene und Erlebte berichtete. Umgekehrt erfuhr er anschließend, was sich in der Familie und in der Heimat ereignet hatte.

Kurz vor Mitternacht wurde Vater von einer narkotischen Müdigkeit übermannt. Sein Schlaf war so tief, dass er erst gegen Mittag wieder aufwachte. In den folgenden Tagen war er erstaunt, wie beschaulich das Leben in seiner Heimat immer noch war. Hier war der Krieg immer noch weit entfernt. Zerstörungen durch Bombenangriffe hatte es noch nicht gegeben. Vater genoss seinen Urlaub, als wäre jeder Tag ein Leben für sich. Spazierfahrten mit dem Auto oder Motorrad, Besuche und Baden im Sägkanal. Gedanken an die Front versuchte er möglichst aus seinem Bewusstsein fernzuhalten. Dies gelang ihm jedoch nur phasenweise, da immer mal wieder der Radioapparat eingeschaltet wurde. Kurz vor dem Urlaubsende wurde der Beginn des Unternehmens *Zitadelle* gemeldet. Im Bogen von Kursk, 500 km südlich von Moskau, tobte die bisher größte Panzerschlacht der Kriegsgeschichte. Hitler wollte mit Tausenden von Panzern den Abwärtstrend des Jahres 1943 stoppen: *Der Sieg von Kursk muß für die Welt wie ein Fanal wirken.*

Vater (obere Reihe, 3. v. l.) im Heimaturlaub 1943

Allzu schnell verging der Heimaturlaub. Tränenreich war der Abschied. Die Zukunft lag für Vater im tiefen Dunkel. Tagelang fuhr er in Urlauberzügen von Deutschlands Südwesten über Ostpreußen bis in die baltisch-estnische Hafenstadt Reval, die damals dem Reichskommissariat

Ostland angehörte. In einer mehrstündigen Überfahrt gelangte er auf einem Transportschiff nach Hangö.

Die weitere Retourreise erfolgte mit dem Zug nach Rovaniemi und von dort aus mit einem Omnibus über die Eismeerstraße zu seiner Einheit im rückwärtigen Gebiet der Eismeerfront. Während dieser letzten Reisephase wurde Vater von Ängsten gequält, denn Anfang Juli hatte auf derselben Strecke ein Überfall auf eine Omnibus-Kolonne stattgefunden, der mehreren Gebirgsjägern das Leben gekostet hatte.

Die 6. Gebirgsdivision bereitete sich intensiv auf die Rückkehr zur Hauptkampflinie vor, wo immer wieder heftiges feindliches Artilleriefeuer auf die Kampfstützpunkte herabprasselte. Was dies zur Folge haben wird, war allen klar: Die Wahrscheinlichkeit zu sterben erhöhte sich dadurch um ein Vielfaches. Außerdem stand ein hartes Leben in den kommenden Wintermonaten bevor.

Im ausgehenden Juli und Anfang August 1943 verdüsterte sich das Bild von der schwierigen Kriegslage. Die alliierten Luftstreitkräfte flogen mehrere Angriffe gegen norddeutsche Hafenstädte, wobei Hamburg unter dem Codenamen *Operation Gomorrha* besonders in den Fokus genommen wurde. In knapp gehaltener Form wurden sie im Kriegstagebuch dokumentiert:

In der Nacht zum 25.7. führten feindl. Luftwaffenverbände einen schweren Angriff auf Hamburg durch. 13 feindl. Flugzeuge wurden abgeschossen.

26.7. Feindliche Flugzeuge führten schwere Tagesangriffe auf Hamburg und Kiel durch.

In der Nacht zum 28.7. führte der Gegner mit 500 Flugzeugen einen schweren Angriff auf Hamburg durch. Es wird mit schweren Schäden und Verlusten gerechnet. 22 feindl. Flugzeuge wurden abgeschossen.

30.7. Am Tage wurde Rostock, Warnemünde und Kiel, nachts sehr schwer Hamburg angegriffen. 30 feindl. Flugzeuge wurden abgeschossen.

In der Nacht zum 3.8. führten 300 feindl. Flugzeuge einen schweren Angriff auf Hamburg durch.

In Kriegstagebuch und in den offiziellen Nachrichtensendungen wurde das wahre Ausmaß der Zerstörungen verschwiegen. Allein in Hamburg kamen 40000 Menschen zu Tode, 125000 wurden verletzt. Ganze Stadtteile wurden fast vollständig zerstört. Inoffiziell erfuhren auch die Soldaten an der Eismeerfront, was wirklich geschehen war. Nachrichtenüberbringer waren norddeutsche Kameraden, die von der Katastrophe während ihres Heimaturlaubs erfuhren.

Nicht förderlich für die Kampfmoral waren auch Neuigkeiten, die aus Italien in den hohen Norden gelangten. Dort entstand Im Süden eine neue Front, nachdem die Alliierten in der Nacht vom 9. auf den 10. Juli 1943 in Sizilien gelandet waren. Die Übersetzung aufs Festland war nur noch eine Frage der Zeit. Zusätzlich verschärft wurde die schlechte Lage in der Mittelmeer-Region durch den Sturz Mussolinis am 25.7.1943.

In der dritten Augustwoche verließ Vaters Einheit das rückwärtige Lager. Ziel des Marsches war die Hauptkampflinie an der Liza, wo die 2. Gebirgsdivision abgelöst werden musste. Es dauerte mehrere Tage, an denen es zumeist regnete. Tagsüber wurde biwakiert, nachts marschiert. Man wollte es den russischen Fliegern nicht leicht machen.

Nach der Ankunft an der Liza begann man sofort mit der Verstärkung der Stellungen, denn der Feind wurde immer kampfkräftiger. Er bereitete der 6. Gebirgsdivision einen sehr unfreundlichen Empfang. Heftiger Artilleriebeschuss und rege Scharfschützentätigkeit machten den Rückkehrern die Eingewöhnung schwer. Einige Kameraden verloren gleich zu Beginn des neuen Fronteinsatzes ihr Leben. Besonders verlustreich war der 4. September 1943: 12 Tote, 19 Verwundete, 2 Vermisste.

Trotz der russischen Attacken wurde die Front weiterhin gehalten. Man zahlte es dem Feind mit gleicher Münze heim. Auch er musste Tote beklagen. Und zwar mehr als Vaters Einheit. Am 25. September 1943 fand man, nachdem ein gegnerischer Angriff abgewiesen worden war, vor den Drahtverhauen 70 tote Russen.

Bezüglich der Frage, wie die Frontlage in weiterer Zukunft aussehen werde, nahm die Unsicherheit zu. In der 6. Gebirgsdivision kursierten Besorgnis erregende Gerüchte über den finnischen Waffenbruder, mit dem zusammen der Kampf an der Nordfront gegen die Russen bisher geführt wurde. Schon bald wurde darüber Offizielles zu verlautbart:

Politische Kreise in Finnland sind weiterhin besorgt wegen der Entwicklung im Raum der Heeresgruppe Nord. Sollte hier die Front zurückverlegt werden, muß dies eine starke Wirkung auf die Stimmung haben und sich womöglich sowohl auf militärischem wie auf politischem Gebiet auswir-

ken. Daß zu den USA Beziehungen laufen, ist bekannt. Mit der Möglichkeit eines Ausscheidens Finnlands aus der Kriegführung muß gerechnet werden ... Sollte Finnland ausscheiden, wird die Kampfführung ... außerordentlich schwierig. Voraussichtlich ist sie nur durchzuführen bei Erhöhung bzw. Verlagerung der Bevorratung und anderen Vorarbeiten, die viel Zeit erfordern. Deshalb ist die Ausnutzung der Zeit vor dem Polarwinter nötig.

Sollten die Befürchtungen Wirklichkeit werden, blieb den Deutschen keine andere Wahl, als die Front zurückzunehmen und sich nach Nordnorwegen zurückzuziehen. Darüber waren sich alle Gebirgsjäger einig. Das militärische Szenario und die Anfang Oktober winterlich gewordene Tundra drückten auf Vaters Stimmungslage. Den Pessimismus offen zu verkünden, war gefährlich. Die kommandierenden Generäle hatten dafür kein Verständnis. Mit Appellen und Sanktionen sorgten sie weiterhin für die Aufrechterhaltung der Kampfmoral. Nur wenn diese stimmte, konnten sie den Eismeerkämpfern äußerste körperliche und seelische Anstrengungen abverlangen.

Fortsetzung des Stellungskrieges

Die Front erstarrte zum Stellungskrieg 1943/44.

Martha Kaufmann-Nock

Im Oktober 1943 kündete sich, zunächst inoffiziell, eine wichtige Personalie an. Schörner, ehemals Vaters Chef und derzeit Kommandeur des XIX. Gebirgskorps, dem die 6. Gebirgsdivision angehörte, befand sich kurz vor der nächsten Sprosse auf der Karriereleiter.

Schörner war die Führungsperson, die maßgeblich verantwortlich war für den Kampferfolg an der Eismeerfront. Nach wie vor hatten die Gebirgsjäger extreme Angst vor ihm. Die Nachricht von Schörners baldigem Abgang versetzte sie nicht in Freude, sondern in große Unsicherheit. Vater wollte die Nachricht wie so viele Kameraden zunächst nicht wahrhaben. Er sah die Front zerbrechen, war doch der Schrecken der Tundra derjenige, der ihre Stabilität garantierte.

Sehr rasch folgte der Nachricht die offizielle Bestätigung. Datiert mit dem 24.10.1943 erging folgendes Abschiedsschreiben an das Korps:

Kameraden!
Der Befehl des Führers ruft mich zu anderer Verwendung!
In der Stunde des Abschieds von meinem XIX. Gebirgs-Ar-

meekorps denke ich zurück an die Jahre eines unvergeßlichen Kampfeinsatzes und Heldenmutes meiner Jäger und aller mir unterstellten Truppen. Ich will keine Namen einzelner Truppenteile nennen, mit denen mich eine unlösbare Kameradschaft in Erinnerung härtester Stunden und schönster Erfolge verbunden hat und die mich weiter voller Stolz auf die Leistungen meines Gebirgskorps wird verbunden lassen sein. Die Schlachten in Polen, Frankreich und Griechenland haben unsere Kampfgemeinschaft geboren, der Einsatz und die Erfolge in der Arktis haben sie gehärtet im sieghaften Kampf gegen Feind und Natur. Voll Stolz kann jeder, der mit dabei war und mit dabei ist, sagen, dass er Teil hat an heldenhaften Leistungen. Dafür gilt heute Euch allen mein Dank und meine Anerkennung.

Ich danke allen Verbänden der Luftwaffe und der Marine für die treue Kameradschaft in diesem Kampf, deren Vorbilder und ehrenhafter Einsatz schönster Ausdruck deutschen Soldatentums ist.

Ich danke den tapferen Kämpfern der finnischen Wehrmacht, denen ich in unverbrüchlicher Treue verbunden sein werde!

Der Gefallenen in diesem Kampfe gedenke ich in Ehrfurcht und Trauer.

Wie bisher kein fußbreit Bodens des nordischen Raumes aufgegeben werden musste, so gelten meine besten Wünsche den gleichen Kampferfolgen in der Zukunft! Und dieser Kampf geht weiter bis zum Sieg!

Es lebe Großdeutschland!

Heil unserem Führer!

Schörner

Tags zuvor war Schörner vom Führerhauptquartier über seine neue militärische Verwendung informiert worden. Der regimeloyale und erfolgreiche Heeresführer stand bei Hitler in hohem Ansehen. Aus dessen Sicht war Schörner einer der wenigen Personen, denen der Führer es zutraute, dem aggressiven Vordringen der Russen im mittleren und südlichen Abschnitt der Ostfront wirksame Gegenwehr zu leisten. Deshalb übertrug er ihm das Kommando über das XXXX. Panzerkorps in der Ukraine.

Zu Schörners Nachfolger wurde Generalleutnant Georg Ritter von Hengl ernannt. Die befürchtete Destabilisierung trat danach nicht ein. Am Eismeer und an der karelischen Front hielt man den Russen weiterhin stand. Im Übrigen erlaubten die polaren Temperaturen dem Feind keine umfangreichen Offensiven. Der Krieg war wie im Winter zuvor ein Stellungskrieg. Kesselschlachten wie in Weißrussland und in der Ukraine fanden in der Tundra nicht statt.

Im Oktober 1943 wollten die Russen mit Stoßtrupps in Zugstärke in die Eismeerfront einbrechen und sie somit ins Wanken bringen. Diese Strategie ging jedoch nicht auf. Die Angriffe endeten vor den Bunkerstellungen. Im Kriegstagebuch lauteten die Einträge fortlaufend: *lebhafte beiderseitige Feuertätigkeit.*

Die Russen reduzierten im Verlauf des Novembers ihre Angriffstätigkeit. Um Aufschlüsse über ihre weiteren Absichten zu erhalten, wurden wieder vermehrt Spähtrupps ausgesendet. Vater beschlich die Angst, diese Unternehmungen nicht zu überleben, denn die Kampfkraft der Russen wuchs merklich. Dieses Gefühl war berechtigt. Am 25.11.1943 gerieten Kameraden, die einem anderen Spähtrupp angehörten, in einen Hinterhalt. Ein Unteroffizier fiel und drei Mann wurden verwundet. Zu deren Bergung wurde ein weiterer Spähtrupp eingesetzt. Erneut fiel ein Kamerad. Hinzu kamen fünf Verwundete.

Trotz der Tatsache, dass es im Dezember immer kälter wurde, wurde weiterhin gekämpft und geschossen. Kampfstützpunkte wurden da und dort durch Stoßtrupps angegriffen. Bei einer Abwehroperation fielen 22 Russen und ein Gebirgsjäger.

Am 23. Dezember 1943 verlief der Tag ruhig. Es schien, als wollten die Russen dem Feind eine weihnachtliche Feuerpause schenken. Dem war am Heiligen Abend nicht so. Artilleriefeuer wogten hin und her. Tags darauf ebbte die Feuertätigkeit sehr deutlich ab. Jetzt konnte die dritte nordische Kriegsweihnacht gefeiert werden. In den Stützpunkten und Bunkern vergnügte man sich an den Weihnachtsgaben.

Was in und zwischen den Zeilen der von den Angehörigen zugesandten Weihnachtsbriefe zu lesen war, klang alles andere als hoffnungsvoll. Am Krieg litt man in der Heimat genauso wie hier an der Hauptkampflinie.

Für Vater war das schönste Weihnachtsgeschenk, dass die Kampftätigkeit zeitweise ruhte. Dies war sicherlich dem schweren Schneesturm zu verdanken, der tagelang über die Tundra fegte. Ganz ruhig war die Front im Dezember 1943 jedoch nicht. Es waren 410 Mann Verluste zu verzeichnen, darunter 75 Gefallene.

Gegen Jahresende stattete Albert Speer, der sich auf einer Frontreise befand, Vaters Nachbarstützpunkt einen Besuch ab. Warum ausgerechnet zu diesem Zeitpunkt der Reichsminister für Rüstung und Munition im äußersten Norden auftauchte, blieb Vater ein Rätsel. Später lieferte

Albert Speer eine Begründung nach. Er *entwich der schweren Last des Jahres, mit seinen zahlreichen persönlichen Enttäuschungen und Intrigen, in die entfernteste und einsamste Ecke unseres Machtbereichs, nach Nordlappland.*

Zeitgleich mit dem hohen Besuch ereignete sich im Eismeer nordöstlich des Nordkaps eine Katastrophe. Nach einem mehrstündigen Feuergefecht mit 13 britischen Kriegsschiffen versank Hitlers letztes großes Schlachtschiff Scharnhorst, nachdem es von 2000 Granaten und 50 Torpedos getroffen worden war.

Als das Kriegsjahr 1943 sich dem Ende zuneigte, gab es keinen Grund zu einem optimistischen Ausblick auf das neue Jahr. In der Silvesternacht hielten sich die Russen zwar zurück, aber bei kaum jemandem löste der Glühwein euphorische Gefühle aus. Der Alkohol bewirkte allerhöchstens eine kurzfristige Dämpfung depressiver Stimmungslagen.

Vater sah dem Kriegsjahr 1944 sehr pessimistisch entgegen. Von allen Seiten setzten die Alliierten zum Angriff auf die Festung Europa an. Wer realistisch denken konnte, rechnete mit einer angloamerikanischen Invasion im Westen Europas und mit einer weiteren Destabilisierung der Gesamtlage. Im Gegensatz dazu war man sich im Führerhauptquartier immer noch sicher, die Festung Europa erfolgreich verteidigen zu können.

Dienstbesprechung in Kirkenes

Kirkenes ist eine Stadt aus Holz, armselig in ihrer Anlage, improvisiert im Aufbau, unschön im Aussehen – aber eine Stadt mit Stil.

Straßburger Neueste Nachrichten, 2. September 1943

In der ersten Woche des Januar 1944 wurde Vater von seiner Kompanie beauftragt, an einer Dienstbesprechung der 20. Gebirgs-Armee in Kirkenes teilzunehmen. Im Mittelpunkt der Besprechung stand eine Rede von Generaloberst Dietl. Thema seiner Ausführungen war die aktuelle militärische Gesamtlage. Vater empfand viel Sympathie für diesen Oberbefehlshaber, weil er ganz anders war als der autoritäre Schörner. Er war kontaktfreudig und pflegte mit seinen Untergebenen einen kameradschaftlichen Umgang.

Dietl wusste, dass die negativen Berichte von den anderen Fronten auf das Gemüt der Eismeer-Kämpfer schlugen. Mehr als die Hälfte des von den Deutschen eroberten sowjetischen Territoriums war befreit. Die Russen überschritten am 4. Januar 1944 die alte polnische Ostgrenze. Außerdem war die Rote Armee im Begriff, die Belagerung Leningrads zu beenden. In Süditalien standen die Alliierten vor weiteren Bodengewinnen. Im Reich litt die deutsche Bevölkerung in immer stärkerem Maß unter den ständigen Bombenangriffen.

Vor dem Hintergrund der kritischen Kriegslage zielte Dietls Rede darauf ab, den Zuhörern Mut zu machen. Er hob hervor, dass die 20. Gebirgs-Armee den Russen bisher erfolgreich die Stirn geboten habe und zu Recht als unbesiegt bezeichnet werden dürfe. Dies tat der Seele der versammelten Soldaten und Offiziere gut. In seinen weiteren Ausführungen befasste sich Dietl mit den zu erwartenden Angriffsoperationen der Alliierten. Er rechnete mit einer großen Invasion an der europäischen Atlantikküste. Anzeichen dafür, dass diese an der norwegischen Küste stattfinden könnte, sah er nicht. Sein prognostischer Blick war auf Frankreich gerichtet.

General Eduard Dietl

Vater fuhr an die Eismeerfront zurück und erstattete der Kompanieführung Bericht. Dort freute man sich über Dietls Lob, das er in seiner Rede den Gebirgsjägern an der Eismeerfront gezollt hatte. Froh war man auch darüber, dass Dietl eine alliierte Landung im Norden für relativ unwahrscheinlich hielt. Dennoch sah sich niemand angesichts des drohenden Großangriffs im Westen dazu veranlasst, vom Endsieg zu sprechen. Es war auch nicht mehr die Rede vom Hauptziel des Krieges am Eismeer – von der Eroberung Murmansks.

Das militärische Denken konzentrierte sich nur noch auf die Defensive. Und die erforderte immer mehr Einsatz und immer mehr Tribut an Menschenleben. Regelmäßig starben an der Hauptkampflinie Kameraden, die von russischen Scharfschützen erwischt wurden. Die Zahl der Gräber auf dem Heldenfriedhof in Parkkina wuchs und wuchs.

Vater geriet Ende Januar während eines Spähtrupps, den er als Himmelfahrtskommando bezeichnete, mit seinen Kameraden unter Feuer. Nur durch viel Glück gelangte er in seinen Kampfstützpunkt zurück. Hätte ein plötzlich einsetzender Schneefall den Russen nicht die Sicht erschwert, wären sie sehr wahrscheinlich zu Tode gekommen. Zum wiederholten Mal kam man zum Fazit, dass die Russen den Raum vor und neben der Hauptkampflinie immer besser unter Kontrolle bekamen. Ihnen gelang dies aufgrund ihrer zahlenmäßigen Überlegenheit. Der Blutzoll, den sie hierfür entrichteten, war nicht gering. Allein am 2. Februar 1944 verloren 19 Russen durch deutsche Scharfschützen ihr Leben.

Häufiger als im Jahr 1943 war die 6. Gebirgsdivision russischen Luftangriffen ausgesetzt. Man wehrte sich dagegen mit Jagdflugzeugen und Flagfeuer. Immer mal wieder stürzten Feindflugzeuge nahe der Hauptkampflinie brennend ab.

Zweifel an Finnlands Bündnistreue

Wie bei allen an der Seite Deutschlands stehenden Nationen, so führte der Umschwung der Lage an der Ostfront schon während der Kämpfe um Stalingrad auch in Finnland zu Überlegungen, auf welche Weise das Land aus dem Krieg ausscheiden könne, um seinen staatlichen Bestand und die Substanz zu bewahren.

Walter Hubatsch

An der fernen ukrainischen Front, so erfuhr es Vater in jenen Wintertagen, stand Schörner unter russischem Angriffsdruck. Im Dnjepr-Brückenkopf von Nikopol liefen die deutschen Truppen Gefahr, abgeschnitten und vernichtet zu werden. Der ehemalige Held der Tundra wurde zum Held von Nikopol. Ihm gelang es, die Einkesselung zu verhindern. Mit entsicherter Pistole in der rechten Hand befehligte er persönlich die Absetzbewegung der Landser über den Dnjepr. Vater war sich sicher, dass Schörner durch diese Operation ein zweites Stalingrad verhindert hatte. Dafür bekam er am 17. Februar 1944 das Eichenlaub zum Ritterkreuz des Eisernen Kreuzes. Und Hitler ernannte ihn zum Chef des NS-Führungsstabes des Heeres. Seine Aufgabe war es, den ideologischen Kompass der Soldaten ganz auf die nationalsozialistische Weltanschauung auszurichten. Schörners Credo, das allen Offizieren und Soldaten nahe gebracht werden sollte, lautete:

Das volle Bewußtsein, ein Kämpfer zu sein, der im Geiste des Nationalsozialismus erzogen ist, selbst in einer ausweglosen Lage die letzte Verantwortung vor der schwer geprüften Heimat zu tragen, muß die Soldaten zum verzweifelten Widerstand treiben [...] Die Teilung der Aufgaben in militärische und politische widerspricht der Grundlage der nationalsozialistischen Erziehung. Der Glaube eines Offiziers an unseren Sieg und die Treue zum Führer müssen bedingungslos sein.

Schörners Verkündigungen erzeugten an der Nordmeerfront nicht jene Beherzigung, die er sich erhofft hatte. Man war froh, dass die Russen nach wie vor nicht offensiv agierten. Die Luftaufklärung gab vorerst Entwarnung. Wahrscheinlich wollte der Iwan den Winter vergehen lassen, um dann im Juni unter günstigeren klimatischen Bedingungen angreifen zu können. Vater fühlte sich jetzt im Spätwinter noch relativ sicher, doch die Planspiele in seinem Kopf vergrößerten seine Zukunftsangst. Diese bekam neue Nahrung durch frische Informationen über die schwindende Bündnistreue Finnlands. Der Waffenbruder war anscheinend nicht mehr bereit, sich im Kampf gegen die Russen vollständig aufzuopfern. Die Russen zogen die Daumenschraube immer stärker an und bombardierten im Februar ein paar Mal Helsinki. Angesichts der schlechten militärischen Lage des Deutschen Reiches befürchtete man, in den Sog eines totalen Zusammenbruchs zu geraten. Mit der Folge, die nationale Existenz zu verlieren und von der Sowjetunion einverleibt zu werden.

Die USA, mit der die Finnen immer noch diplomatische Beziehungen unterhielten, drängten die Finnen zum Ausstieg aus dem Bündnis mit Hitler. Hinter dem Rücken der Deutschen fanden erste Friedenssondierungen statt. Recht bald nannte Moskau die Bedingungen eines Friedensschlusses. Da diese den Finnen als zu abstrakt erschienen, konnte der finnische Reichstag ihnen in einer Sitzung Mitte März 1944 noch nicht zustimmen. Man erbat eine Konkretisierung. Und man war vorerst nicht bereit, sich auf eine Waffenruhe einzulassen.

Dass Finnland mit der Sowjetunion einen Separatfrieden schließen könnte, war schon im Jahre 1943 strategisches Thema des Führerhauptquartiers gewesen. Aus den Überlegungen entstand die Führerweisung Nr. 50, die den Decknamen *Operation Birke* erhielt. In ihr wurde definiert, was im ungünstigsten Fall zu tun wäre:

1. Die Lage bei der Heeresgruppe Nord ist völlig gefestigt, eine Zurücknahme der Front ist nicht beabsichtigt. Trotzdem wird für den Fall einer ungünstigen Entwicklung, besonders in Finnland selbst, eine zweite Stellung gebaut.

2. Der Fall eines Ausscheidens Finnlands oder ein Zusammenbruch muß von uns pflichtgemäß in Rechnung gestellt werden.

3. In diesem Falle muß das Gebirgsarmee-Oberkommando 20 den für unsere Wehrwirtschaft günstigen Nordraum unter Zurückschwenken der Armeefront in die Linie Karesuando – Ivalo – jetziger Kampfraum das XIX. Gebirgsarmeekorps zunächst weiter halten, wozu ihm die 230.

und 270. Div. Unterstellt werden würden. Das Nickelwerk Kolosjoki muß dann gegen Erd- und Luftangriffe verstärkt geschützt werden. Wie lange dieser Auftrag durchgeführt werden kann, läßt sich zur z. Zt. noch nicht beurteilen.

4. Die Vorbereitungen für die schwierigen und langwierigen Bewegungen sollen schon jetzt in Angriff genommen werden: Ausbau und Offenhalten der Marschstraßen, Anlage von Rastplätzen, Vorbereitung der Marschversorgung, der Zerstörungen, der Verlagerung der Vorräte, der Unterkünfte im neuen Raum, der Nachrichtenverbindungen. Diese Vorbereitungen, die in unmittelbarem Einvernehmen zwischen dem Gebirgsarmee-Oberkommando 20 und dem Wehrmachtbefehlshaber Norwegen zu treffen sind, müssen auf jede Jahreszeit und den ungünstigsten Fall abgestellt sein (kein nennenswerter Abtransport über See).

5. Die Maßnahmen sind mit dem Ausbau der Verbindungswege zwischen Norwegen und Finnland zu begründen. Dabei ist anzustreben, dass im Bedarfsfalle Divisionen aus der Reserve des Wehrmachtbefehlshabers Norwegen nach Finnland zugeführt werden können. Im übrigen ist strengste Geheimhaltung erforderlich. Eine Studie ist vorzulegen.

Vater wusste über die Führerweisung und die daraus abgeleiteten Rückzugspläne Bescheid. An den Abfall Finnlands wollte er längere Zeit nicht glauben. Zu gut war für ihn das Verhältnis zu den finnischen Waffenbrüdern. Dass aus Feldmarschall Carl Gustav Mannerheim, dem Oberbefehlshaber der finnischen Armee, ein Abtrünniger werden würde, konnte er sich nur schwer vorstellen. Doch jetzt im

Frühjahr 1944 schienen die Szenaristen im Führerhaupt-quartier richtig zu liegen. Die Umsetzung der Operation Birke nahte.

Finnlands Befürchtungen reduzierten sich nicht. Deutschlands Aussichten blieben ausgesprochen schlecht. Anfang April wurden die rumänischen Ölfelder von Ploesti, die für die Treibstoffversorgung der Wehrmacht sehr wichtig waren, durch Bombenangriffe schwer beschädigt. Kurz danach begann die sowjetische Offensive zur Rückeroberung der Krim. Sewastopol wurde eingeschlossen. Hitler bestand zunächst darauf, diese Seefestung zu verteidigen. Schörner, Kommandeur der Heeresgruppe Südukraine, hielt den Haltebefehl für sinnlos und konnte Hitler letztlich davon überzeugen. Am 9. Mai 1944 war Sewastopol wieder russisch. Vierzehn Tage nach der Niederlage auf der Krim durchbrachen die Alliierten die deutsche Verteidigungs-linie in Süditalien. Kurze Zeit später wurde Rom besetzt.

Ende der deutsch-finnischen Waffenbrüderschaft

Würde dieses (finnische) Volk von knapp vier Millionen militärisch besiegt, so kann kaum ein Zweifel an seiner Vertreibung oder Ausrottung bestehen.

Feldmarschall Carl Gustaf Mannerheim

Einen vehementen russischen Großangriff gab es an der Eismeerfront im April und Mai 1944 immer noch nicht. Am Boden bewegte sich die Gefechtstätigkeit im normalen Bereich. Die Feindeinflüge nahmen zwar zu, richteten aber nicht den Schaden an, den die Russen sich erhofft hatten. Zu viele Maschinen wurden von den Deutschen abgeschossen. Allein am 7. April 1944 wurden zehn Abschüsse vermeldet.

Die unveränderte Lage erlaubte es auch, dass in Rovaniemi die finnisch-deutschen Militärwettkämpfe stattfinden konnten. Vater nahm daran als Skilangläufer teil. Zu einer Platzierung auf den vorderen Rängen reichte es ihm jedoch nicht. Der Berichterstatter musste lapidar feststellen: *Wieder haben die Finnen eine bemerkenswerte Überlegenheit im Langlauf unter Beweis gestellt.*

Anfang Juni wurde aus der Tundra ein Meer von bunten Blüten. Vaters Winterdepression verschwand. Die langen Tage erhellten seine Seele. Die Temperaturen bewegten sich in einem Bereich, der für die Polarkämpfer sensationell war. Bald verschwand die manische Stimmung. Zum einen, weil Milliarden von Stechmücken sich am Blut der Gebirgsjäger labten. Zum anderen, weil schlechte Nachrichten den hohen Norden erreichten. Sie bestätigten das, was Pessimisten und Realisten erwartet hatten. Am 6. Juni 1944 begann die Landung alliierter Truppen in der Normandie. Adolf Hitler glaubte zwar immer noch an ein Täuschungsmanöver, weil er den Einbruch in die Festung Europa nicht wahrhaben wollte. Doch Generale wie Rommel und Stülpnagel ahnten Schlimmes. Der Führer sah keine Notwendigkeit, im Invasionsgebiet Verstärkungen einzusetzen. Die Alliierten fassten Fuß und straften ihn Lügen.

Die Hiobsbotschaften hörten nicht auf. Für den 23. Juni 1944 wurde Generaloberst Dietl zusammen mit den Generälen Eglseer und von Wickede zu einer Besprechung mit Hitler auf den Obersalzberg gebeten. Ihr Flugzeug stürzte auf dem Weg dorthin ab. Alle Insassen kamen zu Tode. Die Nachricht wurde eine Woche lang zurückgehalten, aber dann erfuhren die Soldaten vom Ableben ihres Generals. Dass er ein linientreuer, nationalsozialistischer General war, störte die Soldaten der 6. Gebirgsarmee damals nicht. Sie trauerten um ihren populären Heerführer. Ebenso betroffen war auch Hitler, der Dietl als *teuren und treuen Freund* bezeichnete. In einem Tagesbefehl der Wehrmacht zum 1. Juli 1944 brachte er seine Verehrung für den Helden von Narvik zum Ausdruck: *Am 23. Juni 1944 ist Generaloberst Dietl bei einem Flugzeugunfall tödlich verunglückt. Als hervorragender Soldat im Ringen um unser nationalsozialistisches Großdeutschland hat sich Generaloberst Dietl*

besonders im Kampf um Norwegen und Finnland ausge-
zeichnet... Generaloberst Dietl wird für alle Soldaten und
für das ganze deutsche Volk der Inbegriff des Glaubens an
unser nationalsozialistisches Deutschland und seinen Sieg
sein ... Als fanatischer Nationalsozialist hat sich Generalo-
berst Dietl in unwandelbarer Treue und leidenschaftlichem
Glauben seit Beginn des Kampfes unserer Bewegung für das
Großdeutsche Reich persönlich eingesetzt. Ich verliere des-
halb in ihm einen meiner treuesten Kameraden aus langer,
schwerer, gemeinsamer Kampfzeit.

Nach Dietls Tod erhöhten die Russen Anfang Juli ihre
Feuertätigkeit, vor allem im Liza-Abschnitt der Eismeerfront. Die Hypothese einer trauerbedingten Schwächung
der Kampfkraft des Gegners bewahrheitete sich jedoch
nicht. Entscheidende Einbrüche wurden nicht erzielt. Mitte
Juli versuchte man es mit einem Bombenangriff auf Kirkenes. Die deutsche Abwehr hielt dieser Attacke ebenfalls
stand. Es wurden 42 russische Bomber abgeschossen.

Wenige Tage später fand im ostpreußischen Führerhauptquartier ein Attentat auf Hitler statt. Claus Graf
Schenk von Stauffenberg hatte während einer Lagebesprechung eine Aktentasche mit einer Bombe im Konfe-
renzraum deponiert und deren Zünder in Gang gesetzt.
Die Explosion um 12.42 Uhr überlebte Hitler mit gerin-
gen Verletzungen. In Berlin konnte der Umsturzversuch,
die Operation Walküre, niedergeschlagen werden. Am
Abend wurde die Öffentlichkeit in Sondermeldungen
über das Ereignis in Kenntnis gesetzt. Am nächsten Morgen wandte sich Hitler über den Rundfunk direkt an das
deutsche Volk:

Eine ganz kleine Clique ehrgeiziger, gewissenloser und zugleich unvernünftiger, verbrecherisch-dummer Offiziere hat ein Komplott geschmiedet, um mich zu beseitigen und mit mir den Stab praktisch der deutschen Wehrmachtsführung auszurotten.

Vater erfuhr am 21.7.1944 vom Anschlag im Führerhauptquartier. Dass Hitler überlebt hatte, löste in ihm weder Freude noch Bedauern aus. Er dachte darüber nach, was im Falle eines gelungenen Attentats geschehen wäre. Ein rasches Ende des Krieges hielt er nicht für möglich. Immer noch nicht konnte er sich das Volk ohne seinen Führer vorstellen.

Das Geschehen im Reich ließ Vaters Gedanken des Öfteren in die Heimat wandern. Die letzte Feldpost enthielt zwar positive Lebenszeichen, aber der Luftkrieg bedrohte inzwischen auch die ländliche Bevölkerung. Gerne hätte Vater auch in diesem Jahr seinen Heimaturlaub im Schwarzwald verbracht, aber sein Antrag wurde nicht genehmigt. Diejenigen, die in den vergangenen Wochen noch nach Hause reisen durften, wurden jetzt zurückgerufen. Denn die Waffenbrüderschaft mit den Finnen wurde immer fragiler. Diese ließen sich kein Treuebekenntnis zu Deutschland abringen. Und sie weigerten sich, ihre Armee unter deutschen Oberbefehl zu stellen. Am 1. August 1944 erklärte der finnische Präsident Rysto Ryti seinen Rücktritt. Sein Nachfolger wurde Marschall Carl Gustaf von Mannerheim, der nicht mehr an eine Kriegswende glaubte und erneut seine Friedensfühler in Richtung Moskau ausstreckte.

In den Wochen danach wollten die Russen am Eismeer endlich einen Durchbruch erzielen. Es war die einzige

Front, die seit längerer Zeit von den Deutschen gehalten werden konnte. Deshalb erhöhten sie an der Liza und am Fischerhals den Druck auf die deutschen Stellungen. In immer kürzeren Abständen unternahmen sie Stoßtrupps. Stellenweise gelangen ihnen Einbrüche, doch Vaters Division hielt den russischen Angriffen trotz steigender Verluste stand.

Im selben Zeitraum reduzierten die Russen dort, wo sie direkt den Finnen gegenüber standen, ihre Feuertätigkeit. Dies nährte das Misstrauen im Oberkommando der Wehrmacht. Der Abfall der Finnen wurde immer wahrscheinlicher und damit die Auflösung der gemeinsamen Anti-Russen-Front.

Am 2. September 1944 trat das ein, was man befürchtet hatte. An diesem Tag teilte Mannerheim dem Waffenbruder schriftlich mit, *daß Finnland nicht wie Deutschland den Krieg weiter durchhalten könne; denn im Falle einer Niederlage könnten die Finnen, im Gegensatz zu Deutschland, völlig ausgerottet werden, wenn es den schmerzhaften Schritt nicht rechtzeitig vollziehe … Ich halte es für meine Pflicht, mein Volk aus dem Krieg herauszuführen.*

Die auf finnischem Boden stehenden deutschen Streitkräfte wurden aufgefordert, das Land bis zum 15. September 1944 zu verlassen. Andernfalls würden sie entwaffnet und den Alliierten ausgeliefert werden. Vater und seinen Kameraden fiel es sehr schwer, sich an die neue Situation zu gewöhnen. Gestern waren die Finnen noch Waffenbrüder, mit denen man bestens auskam und kooperierte. Jetzt waren die Freunde plötzlich Feinde. Wie wirklich war die Wirklichkeit?

Rückzug von der Eismeerfront

Abwehrkampf und Absetzbewegung der 20. Gebirgs-Armee ... nach Nordnorwegen haben daher zurecht ihren herausragenden Platz in der Militärgeschichte gefunden.

Friedrich W. Thorban

Zum Rückzug der Lapplandarmee nach Nordnorwegen gab es keine Alternative. Was als Operation Birke schon einige Zeit vorher geplant war, musste nun praktisch umgesetzt werden. Vaters 6. Gebirgsdivision hatte die schwierige Aufgabe übertragen bekommen, diese Absetzbewegung zu sichern und einen Vorstoß der Russen nach Nordnorwegen zu verhindern.

Die Angst, von den Russen überrannt zu werden und in die Gefangenschaft zu geraten, saß den Gebirgsjägern im Nacken. Momentan hielt sich der Feind noch zurück. Stärkere Feuertätigkeit gab es nur bei der Fischerhalbinsel. Deutlich zu erkennen war allerdings die verstärkte russische Aufklärungstätigkeit. Vater fiel auf, dass immer mehr russische Flugzeuge am Horizont der herbstlich gewordenen Tundra erschienen. Sie warfen keine Bomben ab, sondern nahmen die deutschen Kampfstützpunkte in Augenschein.

So zeitig, wie die Russen sich es vorgestellt hatten, verlief der deutsche Rückzug nicht. Zunächst einmal musste man

aus Finnland abziehen und danach aus dem nordnorwegischen Frontbereich am Eismeer, wo Vaters Division lag.
Überall dort, wo vormals von den Deutschen besetzte Ge-
biete aufgegeben wurden, zerstörte man Brücken, Straßen
und militärische Einrichtungen. Die Stadt Rovaniemi wurde
in Schutt und Asche gelegt. Diese Strategie der verbrannten
Erde sollte dem Feind das Nachrücken erschweren.

Während des Rückzugs geriet die Lappland-Armee mit
dem ehemaligen Waffenbruder verschiedentlich in Kämpfe,
die sich jedoch in Grenzen hielten. Beiderseits hatte man
aufgrund der jahrelangen Kooperation Schießhemmungen.

Die Russen versuchten die aus dem Waffenstillstand
resultierende Veränderung der Kriegslage zu ihren Guns-
ten zu nutzen. Deshalb griffen sie in der Nacht vom 6. auf
den 7. Oktober 1944 die deutschen Stellungen an der Eismeerfront mit schwerem Artilleriefeuer und Sturmtrupps
an. Vater wurde von Vernichtungsängsten heimgesucht.
Seine Einheit geriet massiv unter Druck. Eine Einkesselung
drohte. Es blieb nichts anderes übrig, als zurückzuweichen.

Der Liza-Frontabschnitt war nicht mehr zu halten. Nun
befanden sich auch diejenigen, die den Rückzug der Lapplandarmee zu sichern hatten, in einer Absetzbewegung in
Richtung Kirkenes an der norwegischen Grenze. Der Weg
dorthin war eine via dolorosa. Ständig kam es zu blutigen
Kämpfen mit den nach Westen vorrückenden, dreifach
überlegenen Russen. Einer von Vaters Kameraden wurde
verwundet und konnte nicht geborgen und mitgenom-
men werden. Als die Russen auftauchten, stellte er sich tot.
Nachdem sie verschwunden waren, schleppte er sich durch
die Tundra, wo der Totgeglaubte wieder Anschluss an seine
Kameraden fand.

Es ereigneten sich auch schlimme Szenen, die Vaters Seele äußerst erschütterten. So zum Beispiel, als ein schwerverwundeter Kamerad nicht mehr mitgeschleppt werden wollte. Seine letzten Worte waren: *Lasst mich liegen. Ihr verliert nur selbst das Leben, wenn ihr euch mit mir abplagt.* Danach erschoss er sich.

Als die 6. Gebirgsdivision Kirkenes erreicht hatte, wurde eine Abwehrstellung aufgebaut. Ein Durchmarsch der Russen konnte in schweren Kämpfen verhindert werden. Ebenso gelang es, den Rücktransport von Versorgungsgütern aus dem Hafen Kirkenes zu sichern. Am 25. Oktober 1944 wurde die Stadt geräumt. Nicht alles konnte in Sicherheit gebracht werden. Unter dem, was zurückgelassen werden musste, befand sich auch eine große Menge Sektflaschen.

In der Nacht vom 25. auf den 26. Oktober 1944 besetzten die Russen Kirkenes. Eine Einkesselung der deutschen Truppen war ihnen nicht gelungen. Ein Stalingrad des hohen Nordens fand nicht statt. Die russischen Verluste waren trotz drückender Überlegenheit zu groß.

Ein Teil der 6. Gebirgsdivision, das Regiment 141, übernahm die Rolle der Nachhut. Vater erfuhr, dass die weitere Absetzbewegung über die Reichsstraße 50 führen und im Raum Lyngen-Narvik enden werde. Um ein weiteres Nachrücken der Russen zu verhindern, wurde die Bevölkerung der beiden nördlichsten norwegischen Provinzen, Nord-Troms und Finmarken, zwangsevakuiert, und die Infrastruktur zerstört. Hierzu gab es einen Befehl des Oberkommandos der Wehrmacht:

Alle Anlagen, die dem Gegner von Nutzen sein können, sind nachhaltig zu zerstören, insbesondere Straßen und Eisen-

bahnen, Hafenanlagen, Flugplätze und sonstige Anlagen der Luftwaffe, Industrieanlagen, Wehrmachtsunterkünfte und Lager. Sämtliche Schneezäune an den Durchgangsstraßen sind rechtzeitig zu verbrennen! Die gesamte wehrfähige Bevölkerung Norwegens ist, soweit es die Marschbewegungen zulassen, mitzuführen und dem Reichskommissar Norwegens zum Arbeitseinsatz zu übergeben.

Während der Evakuierung spielten sich traurige Szenen ab. Sie erregten Vaters Mitleid. Es war für ihn schwer zu ertragen, wie weinende, vom Schicksal getroffene Menschen ihre Häuser und viel persönliches Hab und Gut zurücklassen mussten. Mit maximal 30 Kilogramm Gepäck pro Kopf verließen sie ihre Häuser, die kurz danach gesprengt wurden. Auf engem Schiffsraum zusammengepfercht wurden sie nach Mittel- und Südnorwegen abtransportiert.

Die Norwegerin Irma Everas schilderte später die schrecklichen Ereignisse aus ihrer damaligen Erlebnissicht:

Ich erinnere mich, als ich 10 Jahre alt war, wurden wir gezwungen, unser Heim auf Ingøy zu verlassen. Wir sahen, dass die Häuser auf Rolvsøy brannten, und wussten, dass die Deutschen auf dem Weg waren, um unsere Häuser ebenfalls niederzubrennen. Wir konnten das mitnehmen, was wir am Leibe tragen konnten. Zwei Abende, bevor wir fuhren, schlachteten wir alle Tiere, salzten das Fleisch und nahmen es in Fässern mit. Glücklicherweise hatten wir Windstille und Mondschein, ansonsten wären wir auf der Fahrt umgekommen, so klein, wie unsere Boote waren. Meine Mutter pflegte zu sagen, dass der Herr seine Hand über den Finnmarkern hatte in dieser dunklen Novembernacht. Ich erinnere, dass ich im Boot stand, als wir an Hammerfest vor-

beifuhren. Die ganze Stadt stand in Flammen und leuchtete über das Wasser.

Humanitäre Reaktionen und Gefühle durften die deutschen Soldaten nicht zeigen. Der Oberbefehlshaber der 20. Gebirgsarmee, Lothar Rendulic, gab ihnen lediglich eine Argumentationshilfe:

Der zu evakuierenden Bevölkerung muss zunächst klar gemacht werden, das die Schwierigkeiten des Abtransportes bei weitem nicht so groß und die Entbehrungen nicht so hart sein werden wie die Folgen, die sich durch die Besetzung Nordnorwegens durch die Russen ergeben werden.

Verweigerten einzelne Personen trotz dieser Argumente den Evakuierungsbefehl, wurde Gewalt angewandt. Im Extremfall wurde der Verweigerer hingerichtet.

Etwa ein Drittel der Bevölkerung in der Finnmark und in der Nord-Troms entzog sich der Evakuierung, kurz nachdem sie die Hiobsbotschaft erhalten hatte. Sie flohen in unwegsames Gelände und versteckten sich dort.

Neue Verteidigungsstellung am Lyngenfjord

Nach einem 320 Kilometer langen Marsch ... erreichte die Division vor Weihnachten den Raum um den Lyngenfjord.

Karl Ruef

Vaters Regiment näherte sich Ende November der Zielregion des Rückzugs. In mühsamen Marschetappen, die den Körper fürchterlich stressten. Die Absetzbewegung von der Eismeerfront wäre wahrscheinlich anders verlaufen, wenn das Wetter im Herbst 1944 nicht so mild gewesen wäre. Der Polarwinter zeigte sich erst in der zweiten Novemberhälfte von seiner unangenehmen Seite.

Vater war trotz der Strapazen erleichtert. Die Russen waren den Deutschen entgegen aller Befürchtungen nicht mehr auf den Fersen. Sie beendeten bei Tana am Tanafjord ihren Vorstoß nach Norwegen. Später zogen sie sich gemäß einer Vereinbarung zwischen Churchill und Stalin in Richtung Russland zurück. Die Administration in der befreiten Region übernahmen Exilnorweger, die von Großbritannien nach Nordnorwegen transportiert wurden.

Dass momentan keine weitere Konfrontation mit der Roten Armee drohte, wirkte einerseits beruhigend. Andererseits kamen sofort wieder Ängste auf, wenn die Gedanken sich heimwärts bewegten. Was Vater in den Rundfunknachrichten hörte und in der Feldpost las, schwärzte seine Seele. Im Reichsgebiet bereitete man sich auf den Endkampf vor. Alle 16- bis 60jährigen, die nicht der Wehrmacht angehörten, bildeten von jetzt an den Volkssturm. Am 16. Oktober 1944 waren die Russen kurzzeitig bei Goldap nach Ostpreußen eingedrungen. Eine Woche danach eroberten die US-Amerikaner Aachen und damit zum ersten Mal eine deutsche Großstadt. Alliierte Bombenangriffe richteten täglich schlimme Zerstörungen an. Schörner, der ehemalige Chef und jetzige Oberbefehlshaber der Heeresgruppe Nord, wehrte sich im Baltikum mit seinen Truppen verzweifelt gegen die russische Übermacht.

Mitte Dezember 1944 befand sich Vaters Einheit am Lyngenfjord. Feindberührung gab es nicht. Es gab keine besonderen Ereignisse. Nirgendwo lauerten russische Scharfschützen. Ein Kontrast zu den übrigen Fronten. Die Tages- und Nachttemperaturen waren nicht so extrem wie am Eismeer, aber dennoch im Vergleich zu Mitteleuropa recht kalt. Am winterlichen Himmel leuchteten nach wie vor die Polarlichter. Ihre Farbskala reichte von hellgrün bis violett.

Der Heilige Abend nahte. Allen war bewusst, dass die nächste Weihnacht die letzte Polarweihnacht sein wird. Aufgrund der katastrophalen Gesamtlage waren nicht mehr viele Weihnachtspäckchen zu erwarten. Dennoch war genügend Proviant vorhanden, um während der Weihnachtstage des Jahres 1944 es sich bescheiden gut gehen zu lassen.

Ende Dezember 1944 wurde Vaters Einheit nach Skibotn am südöstlichen Ufer des Lyngenfjords verlegt. Ihre Aufgabe war die Errichtung eines Sperrriegels. Für den Fall eines Eindringens feindlicher Kräfte, entweder von der See oder aus dem Norden, sollten sie die Angriffe wirksam abwehren.

Im neuen Quartier kam in der Silvesternacht keine Freude auf. Der persönliche wie auch der gemeinsame Ausblick auf das neue Jahr war traurig. Einige Kameraden hatten kurz zuvor noch auf einen positiven Ausgang der Ardennenoffensive gehofft. Doch dieser Befreiungsschlag an der Westfront brach nach anfänglichen Erfolgen zusammen.

Mit Glühwein und Aquavit versuchte man die angeknackste Seele zu therapieren. Vater kam in dieser Nacht zum Schluss, dass das Überleben hier oben wesentlich wahrscheinlicher war als an der Ost-, Süd- oder Westfront. Trotz der unglücklichen Gesamtlage empfand er seine eigene als relativ ertragbar. Er wollte nicht in der Haut seiner Kameraden von der 2. Gebirgsdivision stecken, deren Verlegung an die Westfront beschlossene Sache war. Dieses Schicksal wäre Vaters 6. Gebirgsdivision beinahe doch noch widerfahren, denn am 10.1.1945 ließ Hitler während einer Lagebesprechung im Hagenauer Forst folgende Äußerung fallen:

Mir ist etwas nicht sympathisch: dass die 6. Gebirgsdivision in Norwegen jetzt plötzlich eine Stellungsdivision geworden ist und darin hängt. Nun ist sie ohne Zweifel doch die beste Angriffsdivision von allen Verbänden, die hier sind. Wenn sie auch um eine Regiments-Gruppe gerupft ist, so sind doch die beiden anderen Regiments-Gruppen noch da. Die sind zusammen aber jedenfalls stärker als jede der anderen Divisionen, die sich hier befinden, auch heute noch.

Der Führer hätte die 6. Gebirgsdivision lieber in den nördlichen Vogesen eingesetzt, wo im Januar 1945 eine Angriffsoperation gegen die in Richtung Westwall vordringenden amerikanischen Truppen stattfand. Da eine rasche Verlegung von Norwegen nach Mitteleuropa unmöglich war, griff er diese Idee nicht mehr auf.

Die letzten Kriegsmonate in Norwegen

Die letzten Monate des »Tausendjährigen Reiches« haben begonnen … Bis heute ist nicht klar, wann und von wem die Entscheidung getroffen wurde, im Norden keinen Krieg mehr zu führen.

Randi Crott

Mitte Januar waren Kampfhandlungen im Frontbereich der 6. Gebirgsdivision selten. Wenn dies der Fall war, handelte es sich um Schusswechsel mit norwegischen Partisanen. Diese verübten auch immer mal wieder Sabotageakte gegen deutsche Militäreinrichtungen. Angriffsobjekte waren vor allem Munitions- und Treibstofflager.

Vaters Haupttätigkeiten im eiskalten Winter waren Bewachen, Beobachten und Sichern. Die Einträge ins Lagebuch lauteten häufig: *Keine besonderen Ereignisse.*

Zur Monotonie des nordischen Winterlebens gehörte auch der Speiseplan, der vom auf hölzernen Gestellen luftgetrockneten Stockfisch dominiert war. Hauptgrund hierfür war, dass die Proviantlieferungen durch die alliierte Luftüberlegenheit im Nordraum immer schwieriger wurden. Die Verpflegung ließ Vater von den lukullischen Speisen der Friedenszeit träumen. Trotz alledem: Der Stockfisch war eine hochwertige Eiweißquelle. Schon vor tausend Jahren nahmen ihn die Wikinger auf ihre Eroberungszüge mit.

Anfang März 1945 wurden die Tage sichtbar länger. Das Mehr an Licht war ein bisschen Balsam auf Vaters Seele. Diese war voller Sorge um sich, um die Familie im fernen Schwarzwald und um Deutschland. Wie täglich zu hören und zu lesen war, drängten die Alliierten unaufhaltsam ins alte Reichsgebiet.

Am 6. März 1945 überquerten die US-Amerikaner den Rhein bei Remagen. Zweieinhalb Wochen später gelang dasselbe dem britischen General Montgomery im Raum Wesel. Ende März eröffnete die Rote Armee den Großangriff auf Wien. Angesichts dieser katastrophalen Kriegslage hoffte Vater auf ein rasches Ende des sinnlosen Krieges. Was ihn in diesen Tagen innerlich wütend machte, war Hitlers Nero-Befehl. Dieser lautete:

Alle militärischen, Verkehrs-, Nachrichten-, Industrie- und Versorgungsanlagen sowie Sachwerte innerhalb des Reichsgebietes, die sich der Feind für die Fortsetzung seines Kampfes irgendwie sofort oder in absehbarer Zeit nutzbar machen kann, sind zu zerstören.

Dass die Front im Osten noch nicht völlig überrannt wurde, bewirkte Schörner, seit dem 17. Januar 1945 Oberbefehlshaber der Heeresgruppe Mitte. Mit Durchhalteparolen und rücksichtslosem Führungsverhalten trieb er seine Truppen an. Einer seiner Befehle zeugte davon:

Die Zahl der Drückeberger nimmt in erschreckendem Maße zu. Daher hat jeder Truppenverband jeden Tag eine rückwärtige Linie zu befehlen, hinter die sich kein Soldat ohne schriftlichen Befehl begeben darf. Wer hinter dieser Linie

ohne einen solchen Befehl angetroffen wird, ist vom nächs-
ten Vorgesetzten auf der Stelle zu erschießen.

Im April saß Vater gerne auf einer Bank in der Nähe seiner
Baracke und genoss den Blick auf das Bergpanorama am
Lyngenfjord. Dieses Naturerlebnis lenkte ihn ein wenig ab
von der schlimmen Aussicht auf die kommende Zeit. Allen
war klar, dass die Gefangenschaft bevorstand. Die Frage
war nur, wer sie gefangen nehmen werde. Viele befürchte-
ten, letztlich doch noch in die Hände der Russen zu geraten.
Deshalb dachten nicht wenige über eine mögliche Flucht
ins nahe neutrale Schweden nach.

Aus dem hohen Norden, wo es kaum mehr größere
Kampfhandlungen gab, blickte Vater ins Altreich. Es war,
als blickte jemand von einem unbeschädigten Turm auf
ein drunten brennendes Häusermeer. Die Westfront war
nicht mehr zu halten. Am 18. April 1945 kapitulierten die
im Ruhrkessel eingeschlossenen deutschen Truppen. Eine
Woche später wurde Berlin komplett eingeschlossen.

Am 30. April 1945 saß der Führer im Bunker der Reichs-
kanzlei, rundum alles zerstört. Ebenso zerstört war seine
letzte Hoffnung auf eine wundersame Wende. Diese sollte
Schörner, der am 27.April 1945 zum Oberbefehlshaber des
Heeres ernannt worden war, zuwege bringen.

Die Russen waren nur noch ein paar Hundert Meter
entfernt. Auf dem Reichstag wehte bereits die rote Fahne.
Zwei Tage zuvor hatte Hitler sein Testament verfasst. Jetzt
vollzog er seinen Suizid. Schörner hatte ihm eine Woche
vorher noch angeboten, ihn aus Berlin auszufliegen und an
einen sicheren Ort zu bringen. *In herzlichster Freundschaft*
lehnte sein Gönner dies ab.

Als die Nachricht von Hitlers Tod verbreitet wurde, war offiziell die Rede vom Heldentod im Kampf um Berlin. Vater schenkte dieser Nachricht zunächst Glauben. In seiner Seele verspürte er Erleichterung über das Ableben des Unglücksbringers.

Den Meldungen entnahm Vater auch, dass Hitler den Großadmiral Karl Dönitz zum Nachfolger ernannt hatte. Provisorischer Sitz der letzten Reichsregierung wurde Flensburg-Mürwik.

Kapitulation und Internierung in Norwegen

Obwohl wir schon seit einiger Zeit damit gerechnet haben, kommt die Kapitulation der Deutschen Wehrmacht dennoch überraschend … Ich lasse das gesamte Bataillon antreten und gebe die Kapitulation bekannt … Da im riesigen Getränkelager auch eine Menge französischer Sekt lagert, lasse ich diesen an die Truppe ausgeben, da damit gerechnet werden muss, dass uns dieser sicher genommen wird.

Hans Rohr

Nachdem die Meldung von Hitlers Tod verbreitet worden war, wurden in den deutschen Militärlagern die Fahnen auf Halbmast gesetzt. In den Tagen danach flüchteten immer wieder Gebirgsjäger in Richtung Schweden. Manche Fahnenflüchtigen wurden vor der Grenze ertappt und später hingerichtet. Dieses Risiko scheute Vater.

Am 8. Mai 1945 wurde die 20. Gebirgsarmee, zu der Vaters Division gehörte, vom Oberkommando der Wehrmacht über die Kapitulation informiert. Gleichzeitig wurde die Ankunft einer alliierten Kommission angekündigt. Der letzte Funkspruch, der anschließend nach Deutschland gesendet wurde, lautete: *Wehe den Besiegten.*

Im Gefolge der Kapitulation wurde der letzte Wehrmachtsbericht abgefasst und verbreitet:

Seit Mitternacht schweigen nun an den Fronten die Waffen. Auf Befehl des Großadmirals hat die Wehrmacht den aussichtslos gewordenen Kampf eingestellt. Damit ist das fast sechsjährige, ehrenhafte Ringen zu Ende. Es hat uns große Siege, aber auch schwere Niederlagen gebracht. Die deutsche Wehrmacht ist am Ende einer gewaltigen Übermacht ehrenvoll unterlegen.

Der deutsche Soldat hat, getreu seinem Eid, im besten Einsatz für sein Volk für immer Unvergeßliches geleistet. Die Heimat hat ihn bis zuletzt mit allen Kräften unter schwersten Opfern unterstützt. Die einmalige Leistung von Front und Heimat wird in einem späteren Urteil der Geschichte ihre endgültige Würdigung finden.

Den Leistungen und Opfern der deutschen Soldaten zu Wasser, zu Lande und in der Luft wird auch der Gegner die Achtung nicht versagen. Jeder Soldat kann deshalb die Waffen aufrecht und stolz aus der Hand legen und in der schwersten Stunde unserer Geschichte tapfer und zuversichtlich an die Arbeit gehen für das ewige Leben unseres Volkes.

Die Wehrmacht gedenkt in dieser schweren Stunde ihrer vor dem Feind gebliebenen Kameraden. Die Toten verpflichten zu bedingungsloser Treue, Gehorsam und Disziplin gegenüber dem aus zahllosen Wunden blutenden Vaterland.

Gez. Dönitz

Die Kapitulation galt zeitgleich für die *Festung Norwegen*. Terboven, der berüchtigte in Oslo residierende Reichskommissar, war schon am 7.5.1945 entmachtet worden. Der Auslieferung entging er durch Selbstmord.

Die in Norwegen stehenden Truppen wurden dem britischen Kommando in Tromsö unterstellt. Sie galten rechtlich nicht als Kriegsgefangene, sondern als Internierte. An ihren Standorten durften sie sich selbst bewachen. Für diesen Zweck war ihnen gestattet, eine begrenzte Anzahl von Waffen zu behalten und die Disziplinargewalt beziehungsweise Militärgerichtsbarkeit selbst auszuüben.

Wie lange der Sonderstatus der deutschen 300000 Mann starken Norwegen-Armee dauern werde, blieb unbestimmt. Es kursierte das Gerücht, dass sie mit den Briten in einen neuen Krieg gegen die Russen ziehen müsse. Im Gegensatz zu einigen noch nicht kriegsmüden Kameraden gefiel diese schlimme Aussicht Vater überhaupt nicht. Er wurde von großer Angst ergriffen. Doch die Spekulationen über einen neuen Ostfeldzug unter britischer Flagge waren bald beendet, weil Churchill die Unterhauswahlen verlor und sein Nachfolger Attlee auf Deeskalation setzte.

Die Planungen für einen Rücktransport liefen an. Dabei wurde zwischen deutschen Soldaten aus dem Altreich und deren österreichischen Kameraden deutlich unterschieden. Letztere waren ab sofort Angehörige einer befreiten Nation. Zur sichtbaren Symbolisierung ihrer anderen nationalen Identität trugen sie rot-weiß-rote Armbinden.

Damit die Internierten keinen Lager-Koller bekamen, wurde auf Weisung der Briten ein Programm organisiert. Angeboten wurden Kinovorführungen, Theatergruppen, Chorgemeinschaften, Sprachkurse und sportliche Aktivitäten. Vater ging oft in Filmveranstaltungen und praktizierte täglich sportliche Übungen.

Während die Gebirgsjäger an den norwegischen Fjorden ihr spezielles Leben lebten, befand sich Schörner, ihr ehemaliger Chef, bereits in russischer Gefangenschaft. Am Tag nach der Kapitulation hatte er sich von Böhmen mit einem Kleinflugzeug nach Mittersill in Österreich abgesetzt. Ursprünglich hatte er vor, in der *Alpenfestung* den Widerstand gegen die Alliierten zu organisieren. Doch nach der Ankunft im Salzburger Land war ihm die Sinnlosigkeit dieses Planes bewusst geworden. Er tarnte sich mit einem Trachtenanzug in der Hoffnung, nicht entdeckt zu werden. Mitte Mai resignierte er und stellte sich den Amerikanern. Und die lieferten ihn den Russen aus. Zunächst weilte er im berüchtigten Moskauer Sondergefängnis Lubjanka, danach in einem Gulag.

Gefangenschaft in der französischen Besatzungszone

Etwa 11 Millionen Deutsche gerieten als Ergebnis des Kriegs in Gefangenschaft; davon entfielen ungefähr 7,5 Millionen auf die westlichen Staaten. Über eine Million kam zu verschiedenen Zeitpunkten unter französische Kontrolle, wobei der Höhepunkt mit annähernd 900 000 im Oktober 1945 erreicht wurde. Der größte Teil dieser Gefangenen war nicht von französischen Truppen gefangengenommen, sondern von den USA 1945 Frankreich übergeben worden: etwa 740000.

Arthur L. Smith

Im Spätsommer 1945 neigten sich Vaters skandinavische Jahre und damit der Aufenthalt im Internierungslager dem Ende zu. Wie viele seiner Kameraden hegte er die Hoffnung, nach der Rückkehr in die Freiheit entlassen zu werden.

Ende August begann der Rücktransport. Zunächst auf dem Landweg nach Südnorwegen. Während der Fahrt genoss er nochmals die schöne Landschaft, in die der Frieden zurückgekehrt war. In Mandal, der südlichsten Stadt Norwegens, wurden die Gebirgsjäger eingeschifft. Durch die Nordsee ging es zurück in die Heimat. Zielort war Bremerhaven. Dort wurden die ehemals Internierten von den

US-Amerikanern in Gewahrsam genommen. Ab sofort waren sie Prisoners of War.

Die Zeit in der amerikanischen Kriegsgefangenschaft war nur von sehr kurzer Dauer. Da Vaters Wohnsitz in der französischen Besatzungszone lag, wurde er gemäß einem alliierten Abkommen an die Franzosen übergeben. Deshalb musste er einen Gefangenzug besteigen, der in Richtung Süddeutschland fuhr. Der ständige Anblick zerstörter Städte schockierte ihn. Die traurige Bahnfahrt endete im pfälzischen Bad Kreuznach. Von dort aus mussten die desillusionierten Heimkehrer zum Kriegsgefangenenlager Bretzenheim marschieren. Es war eines der größten auf deutschem Boden. Unter katastrophalen hygienischen Bedingungen und einer miserablen Verpflegungssituation versuchte Vater zu überleben. Für ihn war das Leben an der Eismeerfront erträglicher gewesen.

Noch vor dem Jahresende 1945 verließ Vater das Elendslager in Bretzenheim. Allerdings nicht als freier Mensch, sondern als zum Arbeitseinsatz abkommandierter Kriegsgefangener. Sein Einsatzort war eine französische Armee-Einrichtung auf der Schwäbischen Alb, die in der Nähe des Heubergs lag, wo er einst militärisch ausgebildet worden war. Auch dort fristete er ein hartes Gefangendasein.

Inzwischen hatte seine Familie durch das Rote Kreuz erfahren, dass er am Leben war, und wo er sich befand. In den Briefen, die er schreiben durfte, äußerte er die Hoffnung, im Laufe des Jahres 1946 entlassen zu werden. Leider erfüllte sie sich nicht, denn es folgte eine weitere Phase seiner Gefangenschaft. Diesmal im oberschwäbischen Aulendorf, wo er im Kasino einer französischen Kaserne als Hilfskoch eingesetzt war. Dort brillierte er mit seinen Kochkünsten, die ihm seine Mutter beigebracht hatte. Täglich erhielt er Lob für die Speisen: *Très bien, Willi*. Vielleicht war dies der Grund dafür, dass die erhoffte Entlassung nicht stattfand. Er musste bis ins Frühjahr 1947 warten. Am 5. April 1947, Karsamstag, wurde er in die Heimat entlassen. Spätabends wurde er im Elternhaus, das er im Sommer 1943 zum letzten Mal gesehen hatte, mit vielen Freudentränen empfangen.

Vater empfand die Heimkehrsituation zunächst als unwirklich. Manchmal wähnte er sich in einem Traum. Nur mühsam gelang ihm der Wiedereinstieg ins zivile Leben. Neue Rollen zu übernehmen war nicht leicht. Vor allem die Rolle, den väterlichen Betrieb zu führen. Formal war er Chef, doch der autokratische Alte gewährte ihm nur wenig Handlungsfreiheit. Ständige Meinungsverschiedenheiten bescherten ihm Magenkrämpfe. Schwer fiel auch die Suche nach einer Ehefrau, obwohl er ein gut aussehender, sympathischer Mann war. Die Schwierigkeit bestand darin, dass er eine Frau ehelichen sollte, die den Vorstellungen seiner Eltern entsprach. Dies gelang ihm mit Unterstützung einer Schwester. Schließlich fand er seine Annemarie, in die er wirklich auch verliebt war. Erleichtert sang er mit seinem Schwager Otto: *Wenn die Sonne scheint, Annemarie, machen wir 'ne Landpartie...* Im Gründungsjahr der Bundesrepublik Deutschland heirateten die beiden. Die Flitterwochen verbrachten sie in Oberstdorf. Aus der Ehe gingen drei Söhne hervor, geboren 1950, 1951 und 1952.

Seelische Nachwirkungen der Kriegszeit

*Krieg ist – gleichwohl er von Menschen gemacht und ent-
schieden wird – eine der größten psychischen Belastungen
überhaupt. Für das seelische Erleben ist Krieg ein Extrem-
zustand für alle davon Betroffenen und daran Beteiligten,
für die Täter ebenso wie für die Opfer.*

Bettina Alberti

Vater sah seine Zukunft in dem Maße positiver, wie der
Neuaufbau Deutschlands in Staat, Wirtschaft und Gesellschaft voranschritt. Er begann sich mit der neuen politi-
schen Ordnung zu identifizieren. Er engagierte sich in der
Kommunalpolitik, wurde Gemeinderat und Stellvertreter
des Bürgermeisters.

Die Zeitstrecke des Friedens wurde länger, aber der Krieg
wirkte in der Seele vieler Menschen weiter. So auch in Vaters Innerem. Vor den Kriegserinnerungen konnte er nicht
fliehen. Sie zu verdrängen schaffte er nur zeitweise. Vor
allem im Schlaf quälten sie ihn in Form von Alpträumen.
Dann war er wieder an der Eismeerfront. Schüsse hallten
durch die Seele. Verwundete schrien. Tote wurden geborgen und beerdigt. Er spähte mit den Kameraden durch die
tief verschneite Tundra. Russische Flieger warfen Bomben
ab. Und auf dem Kampfstützpunkt erschien Schörner, der
überstrenge Vorgesetzte. Am Morgen war Vaters Schlafan-

zug durchschwitzt. Mutter fragte ihn: *Willi, was war heute Nacht?* Vater antwortete: *Ich war am Eismeer.*

Am Eismeer schwitzt man nicht – oder doch?

Es war seelischer Erinnerungsstress, der die Kriegsheimkehrer immer wieder heimsuchte. Nicht nur individuell, sondern auch gemeinsam suchte man ihn zu bewältigen. Letzteres bedeutete, dass die ehemaligen Kriegskameraden miteinander Kontakt aufnahmen und sich wieder trafen. Die Kameradschaft, die in den Kampfstützpunkten an der Eismeerfront entstanden war und ein seelisches Bindemittel war, trachtete nach Fortsetzung.

Das Wiedersehen war ein Therapeuticum, das kriegsbedingte seelische Probleme reduzieren half. Geteiltes Leid war dann nur noch halbes Leid. Während der Kameradschaftstreffen wurde die Vergangenheit verklärt. Man empfand sich als Angehöriger der im Felde unbesiegten 6. Gebirgsdivision. Man genoss das Glück, dem Tod entronnen zu sein. Der Konsum von Alkohol und das Singen von Landserliedern bewirkten eine euphorische Stimmung. Für Vater waren solche Treffen nicht erbauend. Ihm missfiel der kollektive Realitätsverlust. Enttäuscht war er darüber, dass so viele so wenig aus dem Krieg gelernt hatten. Sie glaubten immer noch, gegen die Russen einen gerechten Krieg geführt zu haben. Stalin war für sie brutaler als Hitler. Den Führer bezeichneten sie als Diktator mit guten Absichten, der von seinem Umfeld in den letzten Kriegsjahren falsch beraten wurde und kein Unmensch war.

Vater zog aus den Kameradschaftstreffen, die er in den fünfziger Jahren besuchte, die Konsequenz. Er mied sie. Zu ein paar wenigen Kameraden, die seines Geistes Brüder waren, pflegte er in sparsamem Maß weiterhin Kontakte.

Im Januar 1955 hatte Vater aus den Radionachrichten erfahren, dass Schörner aus russischer Gefangenschaft entlassen wurde. Die DDR wollte ihn für eine führende Stelle in der Nationalen Volksarmee anwerben. Er lehnte das Angebot ab und kehrte in seine Heimatstadt München zurück. Dort musste er sich wegen verschiedener Todesurteile, die er am Kriegsende vollstrecken ließ, vor Gericht verantworten. Er wurde zu viereinhalb Jahren Freiheitsstrafe verurteilt, die er ab dem 4. August 1958 in der Justizvollzugsanstalt Landsberg verbüßte. Mit Wirkung vom 4. August 1960 wurde die Strafe zur Bewährung ausgesetzt. Sein engerer militärischer Kameradenkreis hielt weiter zu ihm und verehrte ihn bis zum Tod am 2. Juli 1973. Für Vater war dies angesichts der Brutalität, mit der Schörner im Krieg agierte, nicht akzeptabel.

Bis zu seinem Tod am 19. Juli 1993 wirkte Vaters Kriegszeit am Eismeer nach. Zwar nicht mehr so intensiv wie in den fünfzehn Jahren nach Kriegsende, aber für die Seinen deutlich merkbar. Der Inhalt seiner Erzählungen bezog sich immer häufiger auf den Teil seiner Erlebnisse, die nicht unmittelbar mit kriegerischen Handlungen zu tun hatten. Als da waren die Tundra-Landschaft, das Polarklima, das Nordlicht, die weißen Sommernächte und die Begegnungen mit den Menschen.

Wenn der Winter den Schwarzwald okkupiert hatte, zog er täglich Parallelen zum nordischen Winter. Wenn am Winterhimmel das Nordlicht zu erkennen war, erzählte er von den fluoreszierenden Lichterscheinungen, die er damals im hohen Norden beobachtet hatte. Wenn ich mit

ihm durch den Winterwald streifte, erschien er mir, als
führte er einen Spähtrupp. Wenn er an den Winterabenden
im Wohnzimmer weilte, saß er gern ganz in der Nähe des
Kachelofens.

Vater war bis zum Tod seine Aversion gegen den Krieg
anzumerken. Er fand unseren Entschluss, keinen Wehrdienst abzuleisten, richtig: *Den Unsinn braucht ihr nicht
noch einmal zu wiederholen.* Der Ost- und Friedenspolitik
brachte er Sympathie entgegen.

Manchmal äußerte Vater den Wunsch, eine Reise in den
hohen Norden zu unternehmen. Er nannte Orte wie Rovaniemi, Petsamo, Kirkenes oder Narvik, die immer noch auf
seiner inneren Leinwand sichtbar waren. Er wollte nochmals die Weite des Eismeers sehen. Am liebsten wäre ihm
wahrscheinlich das Wiedererleben des Tundra-Frühlings
gewesen. Von diesem Naturereignis schwärmte er bis zu
seinem Tod.

Nachwort

Während ich dieses Buch schrieb, reifte mein Entschluss, an Vaters Eismeer zu reisen. Ich wollte die Region, in der er im Krieg weilte, mit eigenen Augen sehen. Nachdem sich Vaters Tod im Jahre 2016 gerade zum 23. Mal gejährt hatte, buchte ich für den Sommer 2017 eine Hurtigruten-Reise. Ziel war Kirkenes am Eismeer.

Birgit, meine Frau, und ich flogen am 5.7.2017 via Amsterdam nach Bergen in Südnorwegen, wo wir uns auf die Polarlys (Polarlicht) einschifften. Es war kein Truppentransporter wie anno 1941, sondern ein Linienschiff, das Passagiere und Fracht befördert. An Bord fühlte ich mich nicht primär als Tourist, sondern als Spurensucher.

Von Beginn der Reise an saß Vater imaginär neben mir. Er war ein Mitreisender, der mich in seine Vergangenheit geleitete. Je nördlicher das Schiff fuhr, desto väterlicher war es mir zumute. Orte, an denen wir hielten, und Fjorde, die wir sahen, kamen mir bekannt vor. Und zwar so, als wäre ich schon einmal dort gewesen. Beispielsweise Bergen, Trondheim, Tromso oder Hammerfest.

Aufgewühlt war ich, als wir die Einfahrt zum Lyngenfjord passierten. An der Lyngen-Stellung hatte Vater mit seiner 6. Gebirgsdivision die letzten Kriegsmonate verbracht. Voller Ungewissheit darüber, was ihn nach dem Kriegsende erwarten würde.

Ebenso stark berührt war ich, als in Honningsvåg, unweit

vom Nordkap, ein dreieinhalbstündiger Stopp eingelegt wurde. Ich nutzte die Liegezeit, um im Nordkap-Museum eine Dauerausstellung zu besuchen. Sie zeigte die schrecklichen Ereignisse des Jahres 1944. Damals drangsalierten die Deutschen auf dem Rückzug die nordnorwegische Bevölkerung mit Zwangsevakuierungen und Zerstörungen. Vater verurteilte zum einen diese Taten, zum anderen gab er mir zu verstehen: *Es war ein Führerbefehl. Entweder du setzt ihn um oder du wirst erschossen.*

Meine Spannung stieg aufs Maximum, als wir am 12.7.2017 Kirkenes erreichten. Diese Stadt am Eismeer ist Wendepunkt der Hurtigruten-Schiffe. Während des Zweiten Weltkrieges war sie von besonderer strategischer Bedeutung und galt als einer der kältesten Kriegsschauplätze.

In Kirkenes besuchten wir unter anderem den erhalten gebliebenen Luftschutzkeller Anderskrotta. In einem feuchtkalten Raum wurde uns ein Film gezeigt über die damaligen Leiden der Zivilbevölkerung, die ständigen Bombenangriffen ausgesetzt war. Ich empfand Scham und Mitleid. Wortlos stieg ich in einen Bus, der uns anschließend an die norwegisch-russische Grenze brachte. Nicht weit davon entfernt befand sich im Zweiten Weltkrieg die Liza-Front, an der sich Vaters Division mit den Russen blutige Gefechte lieferte. Ich hielt inne und ließ Vaters Erzählungen vor meinem inneren Augen vorbeiziehen. Was wäre in Vater vorgegangen, wenn er später an derselben Stelle gestanden hätte?

Zurück ging die Fahrt nach Kirkenes, vorbei an Birkenwäldern. Als die Polarlys Kirkenes wieder verließ, blieb Vater an Bord meiner Seele. Übers Eismeer fuhren wir zurück nach Bergen, wo wir am 16.7.2017 wohlbehalten ankamen.

Ich habe es nicht bereut, diese Reise unternommen zu haben. Was ich in dieser Zeit erlebte und erfuhr, hat das hilfreich ergänzt, was ich mir zuvor erarbeitet hatte.

Anhang

Chronologie des Krieges im hohen Norden

1.9.1939
Beginn des Zweiten Weltkrieges

30.11.1939
Ausbruch des finnisch-sowjetischen Winterkrieges

23.12.1939
Gegenoffensive Finnlands an der Petsamofront

1.1.1940
Beginn der sowjetischen Offensive in Karelien und am La-
dogasee

11.1.1940
Sowjetischer Angriff auf die Mannerheim-Linie

3.3.1940
Einnahme der karelischen Stadt Wiborg durch die Rote
Armee

12.3.1940
Friedensvertrag zwischen Finnland und der Sowjetunion
Verlust von 40000 Quadratkilometer finnischen Territoriums

9.4.1940
Landung deutscher Truppen in Dänemark und Norwegen

2.5.1940
Rückzug alliierter Truppen aus Mittelnorwegen

29.5.1940
Besetzung Narviks durch alliierte Truppen

10.6.1940
Kapitulation Norwegens nach alliiertem Rückzug

22.6.1941
Beginn des Russlandfeldzugs

26.6.1941
Beteiligung Finnlands an Deutschlands Krieg gegen die Sowjetunion

Sommer 1941
Misslungener deutscher Vorstoß im hohen Norden in Richtung Murmansk

7.12.1941
Wiedereingliederung der nach dem Winterkrieg 1939/40 abgetretenen Regionen in das finnische Staatsgebiet

Frühjahr 1942
Abwehrschlacht an der Eismeerfront

26.2.1944
Sowjetischer Luftangriff auf Helsinki

21.3.1944
Ablehnung des sowjetischen Friedensangebotes durch den finnischen Reichstag

9.6.1944
Beginn einer sowjetischen Offensive auf der karelischen Landenge gegen Finnland

20.7.1944
Attentat auf Hitler

1.8.1944
Marschall Carl Gustaf von Mannerheim neuer finnischer Reichspräsident

4.9.1944
Beendigung der deutsch-finnischen Waffenbrüderschaft

19.9.1944
Finnisch-sowjetischer Waffenstillstand, Abtretung des Gebietes von Petsamo und Teilnahme an der Vertreibung der deutschen Lappland-Armee aus Nordfinnland

Oktober 1944
Abwehrkämpfe an der Eismeerfront und in Ost-Karelien und schrittweiser Rückzug

November 1944
Neue Verteidigungsstellung im Raum Lyngenfjord-Narvik

8.5.1945
Kapitulation der deutschen Wehrmacht
Internierung der deutschen Norwegen-Armee

6. Gebirgs-Division

Die 6. Gebirgs-Division wurde am 1. Juni 1940 auf dem Truppenübungsplatz Heuberg im Wehrkreis V aufgestellt. Die restlichen Einheiten wurden größtenteils aus bereits bestehenden Einheiten durch Abgabe gebildet. Die durchschnittliche Personalstärke betrug 18000.

Divisionskommandeure

Generalmajor Ferdinand Schörner, Aufstellung –
1. Februar 1942
Generalleutnant Christian Philipp, 1. Februar 1942 –
20. August 1944
Generalmajor Max-Josef Pemsel, 20. August 1944 –
19. April 1945
Oberst Josef Remold, 20. April 1945 – Kapitulation

Gliederung

Gebirgsjäger-Regiment 141
Gebirgsjäger-Regiment 143
Gebirgs-Artillerie-Regiment 118
Aufklärungs-Abteilung 112
Gebirgs-Pionier-Bataillon 91
Feldersatz-Bataillon 91
Panzerjäger-Abteilung 47
Gebirgs-Nachrichten-Abteilung 91
Gebirgs-Nachschubführer 91

Literatur

Alberti, B. (2014). Geboren in den 50er- und 60er-Jahren. Die Nachkriegsgeneration im Schatten des Kriegstraumas (7. Aufl.). München: Kösel.

Crott, R. & Crott Berthung, L. (2013). Erzähl es niemandem! Die Liebesgeschichte meiner Eltern (13. Aufl.). Köln: DuMont.

Kaltenegger, R. (2003). Krieg in der Arktis. Die Operationen der Lappland-Armee 1942-1945. Graz: Stocker.

Kriegstagebuch der 6. Gebirgs-Division, RH 28-6, Bundesarchiv, Militärarchiv, Freiburg i. Brsg.

Kriegstagebuch der 20. Gebirgsarmee, RH 20-20, Bundesarchiv, Militärarchiv, Freiburg i. Brsg.

Ruef, K. (1984). Gebirgsjäger zwischen Kreta und Murmansk. Die Schicksale der 6. Gebirgsdivision (2. Aufl.). Graz und Stuttgart: Stocker.

Schörner, R. (2001). Schörner. Feldmarschall der letzten Stunde (3. Aufl.). München: Herbig.

Schramm, P.E. (Hrsg.) (2005). Kriegstagebuch des Oberkommandos der Wehrmacht. Band 1-8. Augsburg: Weltbild.

Schreiber, G. (2013). Der Zweite Weltkrieg (5. Aufl.). München: Beck.

Smorra, G. (2013). Mein lieber Matz!....Ach Papa.... Briefe, Kalenderaufzeichnungen, Fotos meines unbekannten Vaters von der Eismeerfront 1941-1944 .....Antwortbriefe deiner unbekannten Tochter 2011-2012. Norderstedt: Books on Demand.

Thorban, F.W. (1989). Der Abwehrkampf um Petsamo und Kirkenes 1944. Operation »Birke« und Nordlicht«. Eggolsheim: Edition Dörfler.

Weinberger, A. (1943). Das Gelbe Edelweiss. Wege und Werden einer Gebirgsdivision. München: Zentralverlag der NSDAP.

Willmott, H.P., Cross, R. & Messenger, C. (2011). Der Zweite Weltkrieg. München: Dorling Kindersley.